Agility kompakt

Werke der „kompakt-Reihe“ zu wichtigen Konzepten und Technologien der IT-Branche:

- ermöglichen einen raschen Einstieg,
- bieten einen fundierten Überblick,
- sind praxisorientiert, aktuell und immer ihren Preis wert.

Bisher erschienen:

- Heide Balzert
  UML kompakt, 2. Auflage
- Andreas Böhm / Elisabeth Felt
  e-commerce kompakt
- Christian Bunse / Antje von Knethen
  Vorgehensmodelle kompakt, 2. Auflage
- Holger Dörnemann / René Meyer
  Anforderungsmanagement kompakt
- Christof Ebert
  Outsourcing kompakt
- Christof Ebert
  Risikomanagement kompakt
- Karl Eilebrecht / Gernot Starke
  Patterns kompakt, 2. Auflage
- Andreas Essigkrug / Thomas Mey
  Rational Unified Process kompakt, 2. Auflage
- Peter Hruschka / Chris Rupp / Gernot Starke
  Agility kompakt, 2. Auflage
- Arne Koschel / Stefan Fischer / Gerhard Wagner
  J2EE/Java EE kompakt, 2. Auflage
- Michael Kuschke / Ludger Wölfel
  Web Services kompakt
- Torsten Langner
  C# kompakt
- Pascal Mangold
  IT-Projektmanagement kompakt, 3. Auflage
- Michael Richter / Markus Flückiger
  Usability Engineering kompakt
- Thilo Rottach / Sascha Groß
  XML kompakt: die wichtigsten Standards
- SOPHIST GROUP / Chris Rupp
  Systemanalyse kompakt, 2. Auflage
- Ernst Tiemeyer
  IT-Controlling kompakt
- Ernst Tiemeyer
  IT-Servicemanagement kompakt
- Ralf Westphal
  .NET kompakt
- Ralf Westphal / Christian Weyer
  .NET 3.0 kompakt

Peter Hruschka / Chris Rupp / Gernot Starke

Agility kompakt

Tipps für erfolgreiche Systementwicklung

2. Auflage

Unter agiler Mitwirkung von Jutta Eckstein, Christiane Gernert, Thorsten Janning, Markus Reinhold und Beatrice Sablov

Autoren:
Peter Hruschka
E-Mail: hruschka@b-agile.de

Chris Rupp
E-Mail: Chris-Rupp@sophist.de

Dr. Gernot Starke
E-Mail: gs@gernotstarke.de

Wichtiger Hinweis für den Benutzer
Der Verlag und die Autoren haben alle Sorgfalt walten lassen, um vollständige und akkurate Informationen in diesem Buch zu publizieren. Der Verlag übernimmt weder Garantie noch die juristische Verantwortung oder irgendeine Haftung für die Nutzung dieser Informationen, für deren Wirtschaftlichkeit oder fehlerfreie Funktion für einen bestimmten Zweck. Ferner kann der Verlag für Schäden, die auf einer Fehlfunktion von Programmen oder Ähnliches zurückzuführen sind, nicht haftbar gemacht werden. Auch nicht für die Verletzung von Patent- und anderen Rechten Dritter, die daraus resultieren. Eine telefonische oder schriftliche Beratung durch den Verlag über den Einsatz der Programme ist nicht möglich. Der Verlag übernimmt keine Gewähr dafür, dass die beschriebenen Verfahren, Programme usw. frei von Schutzrechten Dritter sind. Die Wiedergabe von Gebrauchsnamen, Handelsnamen, Warenbezeichnungen usw. in diesem Buch berechtigt auch ohne besondere Kennzeichnung nicht zu der Annahme, dass solche Namen im Sinne der Warenzeichen- und Markenschutz-Gesetzgebung als frei zu betrachten wären und daher von jedermann benutzt werden dürften. Der Verlag hat sich bemüht, sämtliche Rechteinhaber von Abbildungen zu ermitteln. Sollte dem Verlag gegenüber dennoch der Nachweis der Rechtsinhaberschaft geführt werden, wird das branchenübliche Honorar gezahlt.

Bibliografische Information der Deutschen Nationalbibliothek
Die Deutsche Nationalbibliothek verzeichnet diese Publikation in der Deutschen Nationalbibliografie; detaillierte bibliografische Daten sind im Internet über http://dnb.d-nb.de abrufbar.

Springer ist ein Unternehmen von Springer Science+Business Media
springer.de

2. Auflage 2009

Spektrum Akademischer Verlag ist ein Imprint von Springer

09 10 11 12 13 5 4 3 2 1

Planung und Lektorat: Dr. Andreas Rüdinger, Barbara Lühker
Umschlaggestaltung: SpieszDesign, Neu-Ulm
Herstellung und Satz: Crest Premedia Solutions (P) Ltd., Pune, Maharashtra, India

ISBN 978-3-8274-2092-3

Inhalt

Nicht die schnellsten
oder stärksten überleben,
sondern diejenigen,
die sich am schnellsten auf veränderte
Lebensbedingungen einstellen können.
Charles Darwin

(Statt einer) Einführung

Flink und behände...

Kennen Sie die Geschichte der Ameisenvölker? Die ersten Ameisenvölker lebten vor Millionen Jahren im feuchtwarmen Klima längst vergangener Zeiten. Sie krabbelten unter den Füßen urzeitlicher Tiere, an den giftigen Stängeln riesiger Farne und an den Ufern reißender Ströme entlang, ständig auf der Suche nach Futter. Damals schmeckten den Ameisen die Überbleibsel von Mammutknochen besonders gut.

Dann wurde es kalt. Eisig kalt! Viele der großen Tiere gingen an der zermürbenden Kälte der Eiszeit zugrunde. Die Ameisen nicht – flink und behände hatten sie sich andere Lieblingsspeisen gesucht, und auch neue Wege. Jahrtausende später taute das Eis – und die Ameisen lernten erneut, sich an der Hitze zu erfreuen. Wieder und wieder wandelte sich die Umwelt – und die Ameisen wandelten sich mit. Zwar änderten sie ihre Form und ihr Aussehen kaum, ihr Verhalten und ihre Vorlieben passten Sie jedoch kontinuierlich den Gegebenheiten ihrer Umwelt an.

Heute gibt es weder starke Mammuts noch riesige Giftfarne. Aber Ameisen in rauen Mengen. Und wenn wir sie fragen könnten, würden sie bestimmt sagen, dass sie sich wohl fühlten und Spaß hätten bei ihrer ewigen Krabbelei.

… oder erstarrt in Tradition

Vor langen Jahren begann der Hunger der Menschheit nach Kohle von Jahr zu Jahr zu wachsen. Das führte in vielen Gegenden Europas zur Gründung von Bergwerken – der Abbau in der Tiefe war eine gefährliche Unternehmung, die mit abenteuerlichen Methoden Mutter Erde das dunkle und wertvolle Gut entlockte. Viele Arbeiter ließen ihr Leben dabei, unter Strapazen den Grundstoff der industriellen Revolution aus dem Bauch der Erde zu stemmen.

Die Bergwerke wuchsen zu gigantischen Unternehmen heran, ihre Besitzer häuften fantastische Reichtümer an. Jahr um Jahr fuhren die Bergleute in die dunklen Stollen, Jahr um Jahr blieb alles beim Alten. Die Herren und Arbeiter der Bergwerke glaubten, so würde es endlos weitergehen.

Doch vor einigen Jahren blieb die Nachfrage nach Kohle hinter der geförderten Menge zurück, die Preise sanken weltweit. Die Bergwerke warfen nicht mehr genug Rendite ab. Die Realität holte die langen Träume vom ewigen Reichtum und gesicherten Arbeitsplätzen abrupt ein.

Heute wird immer noch Kohle gefördert. Und einige der Beteiligten glauben immer noch, Bergwerke seien zukunftsträchtige Unternehmen.

Flexibilität

Wir können nicht besonders weit in die Zukunft schauen. Trotzdem versuchen wir immer wieder, IT-Projekte über Monate, teilweise Jahre im Voraus minutiös zu planen und diese Pläne einzuhalten, statt uns kontinuierlich der Realität anzupassen.

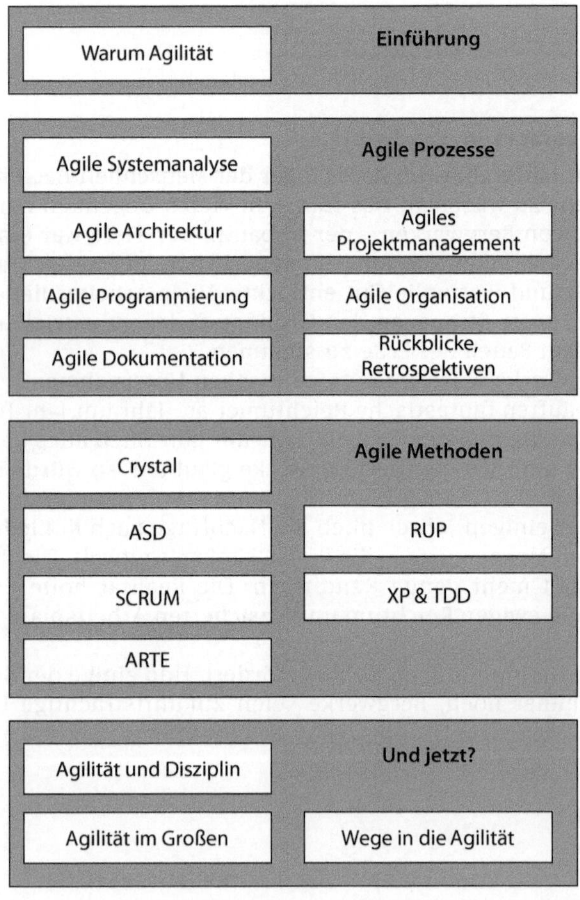

Warum Agilität?

Der Wechsel allein
ist das Beständige
Arthur Schopenhauer.

Bei der NATO-Konferenz 1968 in Garmisch-Partenkirchen wurde der Begriff „Software Engineering" geprägt, um die anwesenden Wissenschaftler und Praktiker dazu anzuregen, als Reaktion auf die Softwarekrise eine ingenieurmäßige Vorgehensweise bei der Entwicklung von Software und Systemen vorzugeben. Viele Methoden und Verfahren wurden seither erfunden; Die Vorschläge, wie Softwareentwickler vorgehen sollen, wurden immer aufwendiger, die Handlungsanweisungen immer umfangreicher und dicker. Aber seien Sie einmal ehrlich: Sind Sie glücklich mit dem erreichten Stand? Bringen die Vorgehensmodelle und Methoden die erhoffte Wirkung? Erhalten Auftraggeber dadurch wirklich das, was sie haben wollen, rechtzeitig und zu akzeptablen Kosten? Und haben Entwickler Spaß daran, so ihre Software zu entwickeln? Werden diese Vorgaben auf breiter Front akzeptiert als die beste Art, Software und Systeme zu entwickeln?

Zu Beginn des neuen Jahrtausends haben Ward Cunningham und Kent Beck [Beck00] mit provozierenden Aussagen zu eXtreme Programming (XP) ein anderes Leitbild für Softwareentwicklung vorgegeben. Dieses neue Leitbild ist scheinbar in vielen Punkten die Abkehr von der Forschung der letzten 30 Jahre. Eine Gruppe von 17 praktizierenden Softwareentwicklern und Methodenforschern hat sich im Februar 2001 in Utah getroffen und das neue Idealbild für Softwareentwicklung in Worte gefasst: das agile Manifest war geboren. Darauf basieren heute eine ganze Reihe neuer Entwicklungsansätze, von denen eXtreme Programming nur einer, wenn auch der bisher bekannteste, aber leider auch der radikalste ist.

Lassen Sie sich durch dieses Buch zum Nachdenken anregen, ob Ihre Art Software zu erstellen diesem neuen Leitbild schon nahe kommt oder ob Sie noch nach Perfektionierung eines Vorgehensmodells streben. Wir haben für Sie in diesem Buch neben den Grundideen agiler Softwareentwicklung auch zusammengefasst, wie sich Agilität auf die unterschiedlichen Rollen in der Softwareentwicklung auswirkt, was es für Projektleiter, Analytiker, Designer und Programmierer bedeutet, ja vielleicht sogar, wie eine ganze Organisation diesen Kulturwandel vollziehen kann.

Außerdem erläutern wir Ihnen die Kerngedanken einiger populärer agiler Methoden – die Aspekte, die sie von konventionellen Methoden unterscheiden.

Das agile Manifest – Ein neues Wertesystem

Worauf konnten sich die 17 Experten in Utah nach heftigen Diskussionen einigen? Lesen Sie im Folgenden eine Übersetzung der auf den Punkt gebrachten Aussagen des agilen Manifests (Die englische Fassung finden Sie unter www.agilemanifesto.org).

Wir entdecken bessere Wege zur Entwicklung von Software, indem wir Software entwickeln und anderen bei der Entwicklung helfen. Durch diese Tätigkeiten haben wir gelernt, dass uns

- *Menschen und Zusammenarbeit* — *mehr als Prozesse und Werkzeuge bedeuten,*
- *lauffähige Software* — *mehr als umfangreiche Dokumentation,*
- *Zusammenarbeiten mit Auftraggebern* — *mehr als Vertragsverhandlungen und*
- *Reagieren auf Änderungen* — *mehr als das sture Befolgen eines Plans.*

Natürlich sind auch die Dinge rechts wichtig, aber im Zweifelsfall schätzen wir die linken höher ein.

Überlegt man sich, was diese vier Wertaussagen für die vielen Tätigkeiten bei der Softwareentwicklung bedeuten und was sie für Konsequenzen auf das Verhalten der am Projekt beteiligten Personen haben, dann ergibt sich daraus ein ganz anderes Weltbild, als es viele Auftraggeber, Projektleiter und die Mitglieder im Projektteam heute gewohnt sind.

Mit dem Einleitungssatz positioniert sich die Gruppe von Experten: „Wir sind keine Methodenentwickler aus dem Elfenbeinturm. Wir stehen alle mitten in Softwareprojekten. Wir praktizieren diese Tätigkeiten aktiv, geben unser Wissen aber gerne auch an Kollegen und Kunden weiter. Und wir denken auch darüber nach, was wir hier tun und ob es hilft oder eher schadet. Die Ergebnisse dieses Nachdenkens und Abwägens konnten wir in vier Grundsätzen zusammenfassen." Der Einleitungssatz fasst damit eine Grunderkenntnis agilen Handelns zusammen: Hören Sie auf diejenigen, die sich aus eigener Erfahrung mit Methoden auskennen. Vertrauen Sie erprobten, erfolgreichen Praktiken mehr als abstrakten Ideen von Theoretikern, die selbst schon lange keine Softwaresysteme mehr entwickelt haben. Der Nachsatz des Manifests schlägt die Brücke zu den Fortschritten in den letzen 30 Jahren. Die waren nicht alle falsch: der Versuch, den Entwicklungsprozess immer besser zu verstehen, zu definieren und Werkzeuge dafür zur Verfügung zu stellen; der Versuch, die „Zwischenergebnisse" auf dem Weg zu auslieferbaren Systemen sauber zu dokumentieren; das Absichern von Projektzielen durch Verträge und das Vorausdenken, um in Form von Plänen dem Team Handlungsanweisungen mitzugeben. Aber vielleicht haben wir in all diesen Punkten übertrieben und damit die wirklich wichtigen Aspekte der Softwareentwicklung vernachlässigt.

eXtreme Programming war eine der ersten Methoden, die die abstrakten Ideen des agilen Manifests durch konkrete Vorschläge präzisiert hat. XP ist aber – wie der Name schon andeutet – sicherlich auch die extremste Interpretation dieses neuen Wertesystems. Etwas überspitzt formuliert wird darin u.a. Folgendes gefordert: Das einzige Ergebnis, das zählt, ist lauffähige Software. Wir entwickeln in so kurzen Zyklen (wenige Stunden bis maximal einige Tage), dass wir außer lauffähiger Software keine Dokumente brauchen. Auch keine Spezifikationen über die Problemstellung, denn der Kunde ist immer griffbereit im gleichen Raum, sodass Unklarheiten sofort beseitigt werden können (Mehr zu XP finden Sie im Abschnitt „eXtreme Programming (XP)", Seite 84).

Angemessenheit

XP ist vielleicht unter gewissen Randbedingungen ein ideales Vorgehen – wenn es sich um relativ kleine Projekte handelt, mit einem einzelnen, hoch verfügbaren Kunden, der weiß, was er will, und einem Entwicklungsteam, das im selben Raum mit dem Kunden direkt Lösungen finden kann. Diese Randbedingungen sind aber nicht in jedem Projekt gegeben. Deshalb ist XP definitiv nicht immer und für jeden die richtige Antwort.

Andere agile Methoden setzen die Grundsätze des agilen Manifests in weniger radikale Handlungsanweisungen um. Statt „nur der Source Code reicht" hören Sie z.B.: Natürlich ist unser Hauptziel einsetzbare, lauffähige Software, aber wir müssen uns auch richtig aufstellen für den nächsten Schritt. Und richtig aufgestellt sein bedeutet, dass den Entwicklern von Folgeversionen vielleicht neben dem Source Code auch ein ausgewogenes Maß an Zusatzdokumenten zur Verfügung stehen sollte (z.B.: Architekturdokumente, Regressionstestdaten, ...), sodass sie nicht alles wieder durch Reengineering herausfinden müssen.

Aber wie viel Zusatzaufwand und Zusatzdokumentation soll ein Projekt erzeugen? Wie viel ist ausreichend und wo beginnt die bürokratische Übertreibung? Die Antwort muss jeder für jedes Projekt selbst geben. Der Schlüssel dazu liegt in einer Risikoabwägung: Was gewinnen wir, wenn wir die Schritte durchführen und die Ergebnisse erzeugen, bzw., was verlieren wir, wenn wir es nicht tun? Jeder Projektbeteiligte beurteilt daher für seinen Zuständigkeitsbereich ständig die Risiken und entscheidet dann über die geeigneten Maßnahmen. Agil heißt beweglich und flexibel sein, mitdenken statt „Dienst nach Vorschrift" und Dogma.

Somit wird für agile Entwicklung die folgende Maxime zum Ausgangspunkt für alle Entscheidungen über Aktivitäten, Ergebnisse und Rollen in der Softwareentwicklung:

„eher Angemessenheit als Extremismus!".

In den folgenden Abschnitten diskutieren wir, was diese risikogetriebene Angemessenheit für drei wichtige Faktoren in der Systementwicklung konkret bedeutet:

- Für das, was wir erreichen wollen: → Ergebnisse
- Für das, was wir (nicht) haben: → Zeit
- Für die, die an der Entwicklung beteiligt oder davon betroffen sind: → Menschen

Ergebnisorientierung

Überlegen Sie einmal Folgendes: Können wir ein erfolgreiches Softwareentwicklungsprojekt haben, wenn wir das Vorgehensmodell der Firma perfekt eingehalten haben, aber keine brauchbare Software geliefert haben? Wenn wir alle Dokumentationen abgegeben haben, aber keine laufende Software?

Ziel eines Softwareentwicklungsprojekts ist es, laufende Software zum Nutzen des Unternehmens in Betrieb nehmen zu können. Deshalb geht an dem Ergebnis Source Code in IT-Projekten kein Weg vorbei. Nutzen bringende Software sollte unser Hauptmaß für den Projektfortschritt sein. Ab einer gewissen Größe des Source Codes, wenn die Software langfristig für eine ganze Produktfamilie eingesetzt wird oder wenn an der Beauftragung und an der Entwicklung viele Personen an vielen Standorten beteiligt sind und sich abstimmen müssen, dann werden wir auch andere Projektergebnisse benötigen, z.B. Zielvereinbarungen, Architekturdokumente, Geschäftsprozessmodelle, Qualitätsrichtlinien und Spielregeln für die Projektorganisation und die Kommunikation im Projekt.

Die konkreten Gegebenheiten in Projekten, die Ziele und die Randbedingungen bestimmen, wie viel wir davon jeweils brauchen und in welcher Form. Je kleiner und lokaler das Projekt ist, desto weniger Vorschriften sind notwendig und desto weniger Formalismus muss dafür aufgewandt werden.

Sie sehen, dass „Agilität" keineswegs die Erlaubnis zur Anarchie einschließt. Agile Vorgehensmodelle haben Ergebnisse, nur unterscheiden sich diese in unterschiedlichen Branchen und Projekten in Anzahl, Tiefgang und Formalität.

Der Unterschied zu „schweren" Vorgehensmodellen besteht also hauptsächlich darin, dass es keine allgemeingültigen Vorschriften oder „Zwischenergebnisse" auf dem Weg zum Projektziel (= lauffähiges, Nutzen bringendes Softwaresystem) gibt, sondern dass konkret für jedes Projekt Kosten und Nutzen von Zwischenergebnissen abgewogen werden. Was auch immer das Ergebnis ist, die Devise dafür muss sein: so wenig wie möglich, so viel wie nötig. Welchem Risiko setzen wir uns aus, wenn wir das Ergebnis nicht (oder nicht formal genug oder nicht umfangreich genug) erzeugen? Sie sollen in einem agilen Projekt keine Ergebnisse erzeugen, die mehr kosten als sie Nutzen bringen! Das Ergebnis muss jemandem etwas Wert sein. Sie sollten diejenigen kennen, denen das Ergebnis so viel Wert ist, wie Sie für die Erstellung oder Pflege aufwenden müssen. Suchen Sie diese „Sponsoren" für jedes Ergebnis. Wenn Sie keinen Sponsor dafür finden, sollten Sie auch den Mut haben, das Ergebnis nicht zu produzieren. Auf keinen Fall sollten Sie sich hinter einem anonymen Vorgehensmodell verstecken, das die Erstellung bestimmter Ergebnisse verlangt. Als Maxime formuliert: Agile Projekte arbeiten

„eher ergebnisorientiert als prozessorientiert“.

Wir konzentrieren uns auf das gewünschte Ergebnis mit seinen geforderten Qualitätsaspekten. Das Erreichen der Ergebnisse ist uns wichtiger als der Weg dorthin. Sie wissen: Viele Wege führen nach Rom. Um ein bestimmtes Ergebnis zu erreichen, ist uns (fast) jeder Weg recht. Sie sollten daher – im Gegensatz zu manchen Vorgehensmodellen – die Wege zur Zielerreichung nicht zu starr vorschreiben, sondern durchaus Alternativen zulassen und deren Auswahl in die Verantwortung der Projektbeteiligten verlagern.

Haben Sie nicht auch Ihre persönlichen Vorlieben dafür, wie Sie eine bestimmte Aufgabenstellung anpacken? Wir gehen davon aus, dass Sie Ihre Erfolgsrezepte dafür, wie man etwas anpackt, auch guten Freunden weitergeben. Andererseits hören Sie sicherlich auch zu, wenn gute Bekannte Ihnen ihre Tipps und Tricks verraten, wie sie schneller und effizienter zum Ziel kommen. Und Sie probieren das vielleicht auch bei nächster Gelegenheit aus.

Die Grundbotschaft von agilen Prozessen ist also: Arbeiten Sie mit einer Sammlung von „Best Practices“, die Sie aus eigener Erfahrung für wertvoll halten oder die Sie von Personen übernehmen, die Ihr Vertrauen genießen. Picken Sie aus diesen Best Practices immer das heraus, was Sie Ihrer Meinung nach am schnellsten und besten zum Ergebnis führt.

Es kann sein, dass es aus Projektgründen notwendig ist, nicht jedem Einzelnen den Weg zum Ziel komplett freizustellen. Vereinheitlichen oder standardisieren Sie Vorgehensweisen aber nur so weit, wie es notwendig ist. Man muss die Vorgehensweise zur Erreichung bestimmter Ziele nicht notwendigerweise für eine ganze Firma angleichen, manchmal reicht es auch im Team oder in der Abteilung. Lassen Sie Varianten in den Methoden zu, wenn sie zum gleichen Ergebnis führen. Die besten Anforderungen, Architekturen und Entwürfe entstehen in selbst organisierenden Teams, die ihren Arbeitstil gefunden haben und die Methoden und Verfahren freiwillig anwenden, weil sie von deren Wirksamkeit überzeugt sind. Geben Sie diesen Teams die Chance, in regelmäßigen Abständen zu reflektieren, wie sie noch effektiver werden können. Dadurch kommen immer neue Best Practices in den Vorrat dazu, bzw. existierende Praktiken werden optimiert oder ausgetauscht.

Auf den Punkt gebracht bedeutet das: Wir ersetzen große, starre Vorgehensmodelle mit wenigen Freiheitsgraden durch kleine, essenzielle Vorgehensmodelle kombiniert mit vielen erprobten Praktiken. Die Maxime ist:

„eher best practices aus Erfahrung als verordnete Vorgaben".

Die effizienteste und effektivste Art der Informationsvermittlung innerhalb eines Teams ist von Angesicht zu Angesicht. Im Gegensatz zur Weitergabe von Informationen in Dokumentenform haben Sie bei direkter Kommunikation den Vorteil, nicht nur den Inhalt übermittelt zu bekommen, sondern auch den Tonfall zu hören, die Körpersprache der anderen zu sehen und die Stimmung aufzuschnappen. Dies alles fehlt Ihnen bei ausschließlich schriftlicher Kommunikation über Aspekte des Projekts. Nutzen Sie diese Stärken der persönlichen Kommunikation! Im Zweifelsfall sollten Sie lieber miteinander diskutieren, statt zu versuchen, etwas ganz präzise und formal zu beschreiben. Selbstverständlich müssen in jedem Projekt auch einige Ergebnisse schriftlich festgehalten werden. Nur so lässt sich oft das Erreichte und Beschlossene für viele Personen zugänglich machen. Suchen Sie aber nach Gelegenheiten, Schriftgut zu vermeiden und Kontakt zu anderen zu suchen. Ein kurzes, offenes Gespräch über die Ergebnisse und Probleme der Woche ist oft mehr Wert als die routinemäßig kopierten Wochenberichte; ein persönliches Treffen von verteilt arbeitenden Teams oder eine Videokonferenz ist im Endeffekt billiger (und förderlicher für die Zusammenarbeit) als der elektronische Austausch von Dokumenten. Unsere Maxime zu diesem Thema lautet:

„eher miteinander reden als gegeneinander schreiben".

Wiederum bestimmt das Risiko im Projekt, wie viel wir an Dokumentation schriftlich festhalten müssen. Wir sind jedoch sicher, dass Sie bei einer kritischen Betrachtung Ihres derzeitigen Vorgehens und einer kritischen Würdigung aller Dokumente, die Sie heute erzeugen, zahlreiche Kandidaten finden, die vielleicht vermieden werden können und sollten, wenn Sie stattdessen mehr „Kultur des miteinander persönlich Kommunizierens" einführen.

Offen für Änderungen – Iterativ inkrementelle Entwicklung

Lang ist der Weg durch Vorschriften,
kurz und wirkungsvoll durch Beispiele.
Seneca

Vorhersagen ist schwierig, besonders für die Zukunft! Versuchen Sie daher erst gar nicht, ein sehr weit in der Zukunft liegendes Ziel mit sehr großer Präzision vorhersagen zu wollen. In den letzten Jahren sind die Zeiträume, die einem Entwicklungsteam bis zur Fertigstellung Nutzen bringender Software gegeben werden, deutlich kürzer geworden. Mitte der 1980er-Jahre galt noch die Spielregel: Kein Softwareprojekt darf länger als 12–18 Monate dauern, bevor es lauffähige Ergebnisse produziert. Heute liegen die Zeiten in vielen Branchen oft (weit) darunter. Sie sollen durchaus Visionen haben, die längere Zeiträume umfassen. Aber diesen Visionen sollten Sie schrittweise konkret näher kommen. In kurzen Iterationen werden Inkremente des endgültigen Systems entwickelt, die für sich gesehen schon geschäftlich Wert bringend genutzt werden können. Sehen Sie es einmal von dieser Seite: Solange nichts von Wert für das Geschäft freigegeben wird, ist das bis dahin in der Entwicklung verbrauchte Geld totes Kapital. Ihr Ziel sollte es sein, die „Lagerkosten" für nicht freigegebene Software zu reduzieren und dieses tote Kapital zu minimieren.

Betrachten Sie, wie lange Sie „Geld verbrauchen" bevor Geld zurückkommt. Suchen Sie die Gründe, die dazu führen, dass der Zeitraum so lange ist und räumen Sie sie aus dem Weg. Setzen Sie sich als Ziel, den heute gebrauchten Zeitraum zu halbieren oder zu dritteln. Die Erfahrung zeigt, dass das meistens gar nicht so schwer erreichbar ist, wenn man es nur will und bewusst daraufhin arbeitet. Für viele Softwareprojekte gilt heute: Zyklen von 2–4 Monaten sind durchaus machbar, manchmal sogar wesentlich kürzere (wie bei XP), manchmal auch etwas längere (6 Monate). Zykluszeiten von mehr als 6 Monaten sollten sehr kritisch hinterfragt werden.

Die Releasezyklen nach außen (an Kunden oder Anwender) müssen nicht unbedingt den Iterationen angepasst werden. Kürzere Zykluszeiten beruhigen vielleicht auch die Nerven von Managern und Auftraggebern, die jetzt das Endergebnis konkret wachsen sehen – auch wenn es nicht in Betrieb geht. Auch die Entwickler arbeiten nicht mehr so lange „nur mit Papier". Ihre Erfolgserlebnisse bekommen Sie jetzt mehrfach täglich, wöchentlich oder zumindest in wenigen Wochen, und nicht erst in 1–3 Jahren. Projektmitarbeiter werden dem Projektleiter für die nächsten Tage, Wochen oder wenige Monate sehr präzise sagen können, was machbar ist und was nicht. Schätzungen für eine noch weit entfernte Zukunft sind für alle Beteiligten viel schwieriger.

Kürzere Zykluszeiten haben noch einen anderen wesentlichen Vorteil. Wir wissen inzwischen, dass sich zwar die Ziele und Visionen langfristig festlegen lassen, dass sich aber die genaueren Anforderungen an Software um ca. 1–2 % pro Monat ändern. Eine grobe Planung für ein Gesamtprojekt, gepaart mit Detailplanungen in viel kürzeren Abständen, gibt Ihnen die Möglichkeit, neue oder geänderte Anforderungen bei jeder neuen Iteration zu begrüßen. Agile Prozesse nutzen Änderungen zum Wettbewerbsvorteil für den Kunden. Der Kunde bekommt in jeder Iteration das, was er kurzfristig am Dringendsten benötigt. In kurzen Abständen kann man die Ziele für die nächste Iteration wieder neu diskutieren und neue Prioritäten setzen. Daraus ergibt sich eine der wichtigsten Maximen der Agilität:

„eher offen für Änderungen als starres Festhalten an Plänen".

Software von Menschen für Menschen

„Softwareentwicklung ist ein kooperatives Spiel", sagt Alistair Cockburn, einer der Gründer der Agile Alliance. Ein Spiel, in dem nach Win-Win-Situationen gestrebt werden soll. Betrachten wir ein paar von den oben diskutierten Ideen nochmals aus Sicht der beteiligten Personen. Statt den Mitarbeitern zu viele Vorschriften über die Vorgehensweise zu geben, sollten Sie eher motivieren, bestimmte Dinge zu tun:

- Mehr Ausbildung über das „Warum", weniger Vorschriften über das „Wie".
- Alternative Wege zulassen, solange das Ergebnis erreicht wird – wenn nicht externe Zwänge dagegen stehen.
- Mehr Ideen aus der Praxis standardisieren, statt aus dem „Elfenbeinturm" vorzuschreiben.
- Regelmäßige Feedbackrunden über die Prozessqualität.

Als Manager sollten Sie den Mut haben, Kontrolle abzugeben, rigide Kontrollmechanismen wegzulassen, und mehr Vertrauen zu einem gut motivierten Team haben. Im Zusammenspiel mit den raschen Feedbackzyklen ist die Kontrolle ohnehin oftmals gegeben (oder sogar besser als früher, denn laufende Software ist aussagekräftiger als Tonnen von Papierspezifikationen!)

Kunden sollten Sie weniger als Auftraggeber sehen, sondern als Projektpartner, die am gleichen Strang ziehen, die Visionen teilen und die Details am Anfang genauso wenig kennen wie Sie. Sie kooperieren ständig und vertrauensvoll miteinander, auch über den Abschluss eines Vertrages hinaus. Sie tauschen regelmäßig, in kurzen Zyklen die neuesten Erkenntnisse aus, die dazu beitragen, dass im nächsten Schritt immer die wichtigsten Teile der Software geliefert werden können. Diskutieren Sie langfristige Visionen und was es dem Auftraggeber Wert ist und den Auftragnehmer kostet. Verhandeln Sie Details aber nicht am Anfang, sondern präzisieren Sie diese, sobald es notwendig ist (Variable Scope Contracts). Auch für den Auftraggeber gilt das Gleiche wie im Team: Geben Sie Kontrolle ab und suchen sich stattdessen lieber einen vertrauenswürdigen Lieferanten, der auch an einer langfristigen Partnerschaft interessiert ist und Sie deshalb nicht über den Tisch ziehen wird. Diese hier nur kurz angerissenen Ideen gehören zu den Kernbotschaften der Agilität und schlagen sich in den folgenden beiden Maximen nieder:

„eher Menschen und Kommunikation als Prozesse und Tools“,
„eher Vertrauen als Kontrolle“.

Projekte werden rund um motivierte Individuen geschaffen. Stellen Sie ein Arbeitsumfeld zur Verfügung und die Unterstützung, die die Beteiligten brauchen, und vertrauen Sie darauf, dass alle ihren Job machen werden. Achten Sie darauf, dass Sponsoren, Entwickler und Anwender das Entwicklungstempo auf Dauer mitgehen können.

Die 1 + 6 Maximen der Agilität

So wenig wie möglich, so viel wie nötig! Streben Sie nach Einfachheit. Maximieren Sie die Menge der Arbeit, die Sie *nicht* machen müssen und der Dokumente, die Sie *nicht* schreiben, lesen und pflegen müssen. Aber in allen Fällen gilt die oberste Maxime: angemessen statt extrem! Für sehr komplexe Projekte mit vielen Randbedingungen und Vorschriften von außen unterscheidet sich agile Entwicklung vielleicht nur wenig von den als „schwergewichtig" gescholtenen Vorgehensmodellen. Für die Majorität der IT-Projekte sollte agile Vorgehensweise jedoch deutlich weniger Bürokratie und Papierflut liefern – allerdings bei etwas erhöhtem Risiko. Beachten Sie bei den weiteren sechs Maximen, die wir in den letzten Abschnitten diskutiert haben, dass die jeweils rechte Seite durchaus ihre Berechtigung hat, dass Sie aber eher nach der linken Seite streben sollten.

Die Anwendung agiler Prozesse

Erkannte und eingestandene Irrtümer
waren schon immer die beste Grundlage
für neue Einsichten.
Günter Grass

Die 1+6 Maximen im letzten Abschnitt beleuchten die Philosophie der Agilität. Was aber heißt denn das konkret für Sie, als Beteiligte von IT-Projekten? In den nächsten vier Abschnitten lernen Sie zunächst die Auswirkungen auf Systemanalyse, Architektur und Design, Programmierung und Dokumentation kennen. Darauf folgen zwei Abschnitte für Manager, Projektleiter und Organisationsverantwortliche. Für alle Rollen sehen Sie, wie sich der Faktor Mensch, effektive Kommunikation, strikte Ergebnisorientierung, rasches Feedback und Angemessenheit bei der Wahl der Mittel als roter Faden durch die Empfehlungen ziehen.

Agile Systemanalyse

Anforderungen möglichst vollständig zu erheben, zu dokumentieren und ein gemeinsames Verständnis sämtlicher Kunden und Projektbeteiligten zu erreichen, erfordert viel Zeit, Geld und Aufwand. Mindestens einer dieser Faktoren ist in den meisten Projekten jedoch knapp bemessen.

Unabhängig davon, ob man die Erhebung, die Dokumentation oder die Pflege von Anforderungen betrachtet, stößt man auf eine Vielzahl durchaus sinnvoller Möglichkeiten und steht vor der Frage, welche für das eigene Projekt die geeignetste sein könnte. Die wichtigsten Fähigkeiten eines guten Systemanalytikers sind, die Situation richtig zu bewerten und zu den passenden Methoden zu greifen.

Agiler Einsatz der Erhebungstechniken

Die Kundenwünsche zu kennen ist heute der entscheidende Faktor in der Systementwicklung. Aber wissen Sie, wie Sie am besten an die bewussten, unbewussten und unterbewussten Anforderungen Ihrer Kunden und Projektpartner herankommen? Moderne Requirements-

Engineering-Methoden bieten Ihnen hierzu zahlreiche Alternativen zu Interviews und dicken Pflichtenheften. Der geschickte Einsatz von Erhebungstechniken ist eine Schlüsselkompetenz auf dem Weg zu Systemlösungen, die das Herz der Benutzer höher schlagen lassen und in „Internetzeit“ fertig sind.

Ohne Zweifel gibt es nicht die „einzig wahre, ideale Methode“, Anforderungen zu ermitteln. Jedes Projekt hat eigene Randbedingungen und seinen eigenen Charakter. Wir konzentrieren uns deshalb darauf, die zielführendsten Erhebungstechniken für Ihr spezielles Projekt zu finden. In einem ersten Schritt analysieren Sie hierzu Ihre Projektsituation in den Bereichen

- menschliche Einflussfaktoren,
- organisatorische Randbedingungen,
- fachlicher Inhalt.

Mittels der daraus ermittelten Risikofaktoren leiten wir Sie durch eine Empfehlungsmatrix, die Ihnen geeignete Ermittlungstechniken empfiehlt, mit denen Sie dem erkannten Risiko gegensteuern können. Wir konzentrieren uns hier auf den wichtigsten Faktor, den Menschen. Eine ausführlichere Tabelle, die alle drei Faktoren berücksichtigt, finden Sie unter www.sophist.de und in [REM06].

Menschen haben bei der Entwicklung von Systemen naturgemäß einen hohen Einfluss auf alle Phasen eines Projekts, besonders aber auf die Anforderungsermittlung. In dieser Phase ist eine funktionierende Kommunikation existenziell. Suchen Sie von Anfang an direkten Kontakt zu den Stakeholdern und erkunden Sie, wie ausgeprägt deren Kooperationsbereitschaft und Kommunikationsfähigkeit sind. Stakeholder sind alle Personen, die von der Systementwicklung und natürlich auch vom Einsatz und Betrieb des Systems betroffen sind. Sie sind die Informationslieferanten für Ziele, Anforderungen und Randbedingungen an unser System oder Produkt.

Auch soziale, gruppendynamische und kognitive Fähigkeiten haben bei der Auswahl einer geeigneten Ermittlungstechnik für Anforderungen großen Einfluss. Ob das Wissen, dass Sie erheben, dem Einzelnen explizit bewusst ist oder eher sehr selbstverständlich und implizit vorliegt, sodass Sie es erst ausgraben müssen, entscheidet ebenfalls über die Wahl der Erhebungstechnik. Wir unterscheiden folgende sechs menschliche Risikofaktoren (siehe folgende Abbildung), die alle durch geeignete Erhebungstechniken kompensiert werden können.

Kommen Ihnen viele der Risikofaktoren bekannt vor? Willkommen in der Realität der Systementwicklung! Beschränken Sie sich jetzt auf die zwei bis drei Faktoren, die in Ihrem Projekt am stärksten ausgeprägt sind und markieren Sie die entsprechenden Zeilen in der Abbildung.

--: gar nicht geeignet
-: nicht gut geeignet
0: Kein Einfluss -> geeignet
+: gut geeignet
++: sehr gut geeignet

	Brainstorming	Wechsel d. Perspektive	Mind Mapping	Feldbeobachtung	Apprenticing	Fragebogen	Interview	Selbstaufschreibung	On-Site-Customer	Systemarchäologie	Reuse	Simulationsmodelle	Anforderungsreview
Mensch													
geringe Motivation	-	-	-	+	-	+	+	--	--	0	0	++	0
schlechte kommunikative Fähigkeiten	-	-	0	-	++	0	-	--	-	0	0	+	0
implizites Wissen	+	+	+	++	++	--	-	--	-	0	0	++	0
geringes Abstraktionsvermögen	-	-	-	++	++	+	+	-	+	0	0	+	-
divergierende Stakeholdermeinungen	-	-	-	-	-	++	0	-	--	0	0	+	-
problematische Gruppendynamik	--	0	-	-	++	0	0	+	+	0	0	+	0

Die Abbildung zeigt die Eignung verbreiteter Erhebungstechniken in Relation zu typischen Risikofaktoren. Ist für eine Technik „gar nicht geeignet“ (–) eingetragen, sollten Sie diese Technik in Ihrer Situation meiden. Wählen Sie für jedes Hauptrisiko Ihres Projekts lieber eine Technik mit dem Eintrag „sehr gut geeignet“ (++) oder zumindest „gut geeignet“ (+).

Vermutlich werden Sie keine einzelne Technik finden, die alle Risiken Ihres Projekts gleichzeitig positiv beeinflusst. Entscheiden Sie sich dann für einen Mix aus verschiedenen Techniken, der zum jeweiligen Zeitpunkt den größten Erfolg verspricht. Jede Schwäche einer Erhebungstechnik lässt sich durch eine andere Technik ausgleichen, die genau bei diesem Risiko Ihre Stärke zeigt. Von den meisten Techniken werden Sie intuitiv ein Verständnis haben, eine detaillierte Erläuterung der unbekannteren Vertreter finden Sie unter [REM06].

Der agile Einsatz von Dokumentationstechniken

Sobald Sie ausreichend Wissen über das zu erstellende System erhoben haben, müssen Sie dieses Wissen geeignet dokumentieren. Auch im Bereich der Dokumentationstechniken bietet die Informatik eine verwirrende Vielfalt. Die nächste Abbildung zeigt hier nur einen kleinen Ausschnitt.

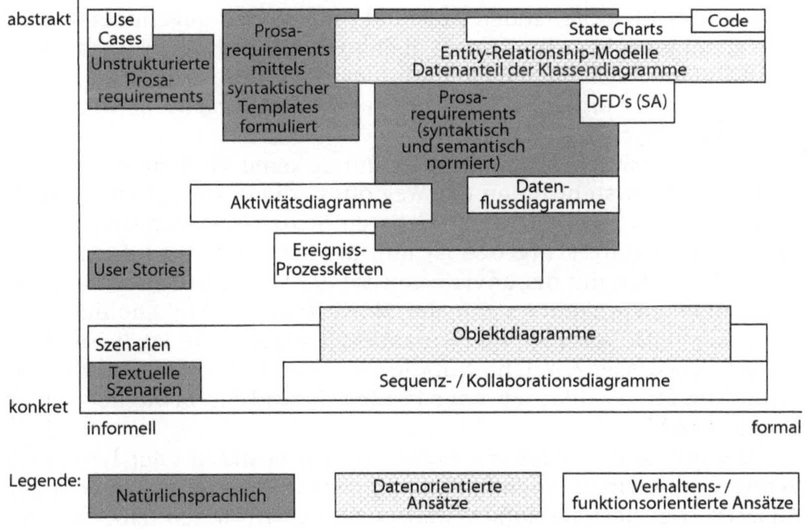

Die in dieses Schema eingeordneten UML-Diagramme werden in [UML07] ausführlich beschrieben.

Um die für Ihr Projekt geeignete Dokumentationstechnik zu finden, müssen Sie wiederum die Projektrahmenbedingungen heranziehen.

Prüfen Sie zuerst, welche Vorschriften und Zwänge existieren. In vielen Fachbereichen, wie z.B. der Produktion medizintechnischer Geräte, der Entwicklung öffentlicher Verkehrssysteme oder im militärischen Bereich, existieren harte Vorschriften, wie die anfallenden Informationen im Projekt dokumentiert werden müssen. Diese dienen häufig der Zertifizierung der erstellten Systeme nach Prüfvorschriften (z.B. Freigabe durch die FDA oder den TÜV). Derartige Vorschriften schränken Ihren Entscheidungsspielraum ein oder geben die Entscheidung bezüglich einer Dokumentationsart bereits fest vor. Machen Sie das Beste aus dieser Situation. Entweder Sie kommen mit den vorgeschriebenen Dokumentationstechniken aus, oder Sie erstellen neben den geforderten Dokumenten noch eine weitere interne Dokumentation, die Ihre Bedürfnisse abdeckt. Bei jeder zusätzlichen Dokumentation, die Sie ergänzend zur geforderten Dokumentation erstellen, sollten Sie jedoch Aufwand und Nutzen gegenüberstellen. Manchmal unterliegt Ihr Projekt aber auch nur weichen Vorschriften, wie z.B. Firmenstandards. Hier lohnt es sich, diese gezielt zu hinterfragen oder zu ergänzen und eventuell in Absprache bewusst von ihnen abzuweichen.

Wird Ihre Entscheidungsfreiheit durch keine Vorschriften eingeschränkt, dann steht Ihnen der Weg offen, die bestmögliche Lösung zu finden und sich mit dem nächsten Schritt der Auswahl zu befassen. Wichtigste Prüfgröße ist nun die Bereitschaft und Fähigkeit der Stakeholder, mit der anvisierten Art der Dokumentation zurechtzukommen. Wie steht es mit der Motivation der Stakeholder, sich mit Analyse-Dokumenten auseinanderzusetzen? Wie ist Ihr methodisches Vorwissen? Welche Notationen kennen Ihre Stakeholder bereits? Wie aufgeschlossen oder lernbereit sind Sie bezüglich neuer Notationen?

Falls Ihre Stakeholder das nötige Wissen besitzen oder lernbereit genug sind, bleiben Ihnen noch einige Dokumentationstechniken zur Auswahl. Der nächste Entscheidungsschritt wird Ihnen dabei helfen, die Art der Dokumentation zu wählen, welche dem fachlichen Inhalt am angemessensten ist.

Analysieren Sie nun Ihren Projektinhalt im Detail. Welcher Problemschwerpunkt steht bei der Analyse im Vordergrund?

- Kämpfen Sie mit vielen Daten und komplexen Datenstrukturen?
- Sind die Systemabläufe kompliziert?
- Analysieren Sie ein ereignisgetriebenes System?
- Steht die organisatorische Kopplung der Prozesse im Vordergrund?

Je nach dem Bereich, in den das zu entwickelnde System fällt, empfehlen sich bestimmte Arten der Dokumentation. Die folgende Abbildung verdeutlicht noch einmal den gesamten Entscheidungsprozess und ordnet die Dokumentationsarten detailliert zu.

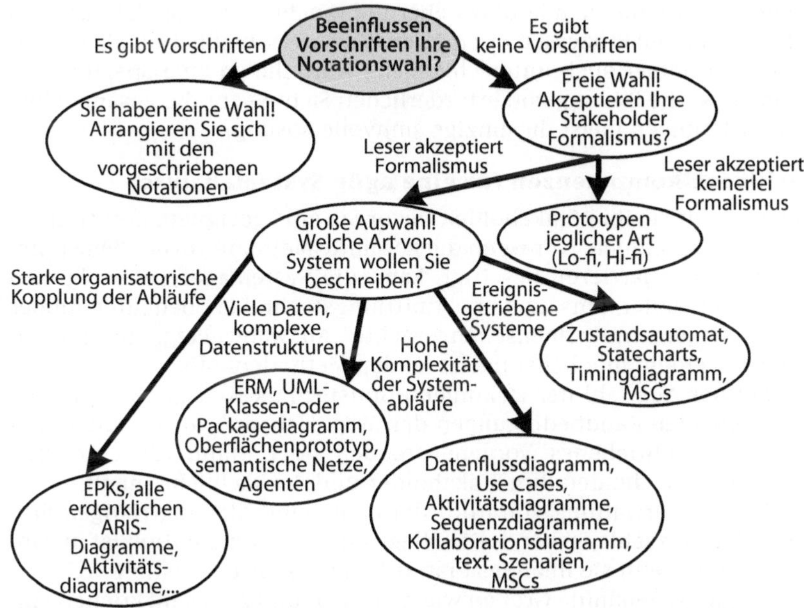

Agile Pflege von Anforderungsdokumenten

Um zu einer überlebensfähigen und pflegbaren Dokumentation zu gelangen, ist es notwendig, dass jede Repräsentation

- einer Lesergruppe zugeordnet werden kann,
- einen Sponsor besitzt,
- keine konkurrierende Art der Dokumentation besitzt, welche den gleichen Inhalt auf gleichem Niveau wiedergibt,
- in sich selbst nicht redundant ist und
- in dieser Art explizit benötigt wird (z.B. für die Weiterentwicklung, den Test oder die Kommunikation mit den Stakeholdern).

Enthält die Dokumentation keine Beispiele, besitzt sie ein durchgängig abstraktes Niveau und ist sie nach fachlichen Objekten sortiert, so ist sie sehr stabil gegenüber Änderungen. Gleiches gilt für technologieneutrale Repräsentationen und Dokumentationen, welche die unterschiedlichen Systemebenen (Darstellung, Fachlogik, Datenhaltung) sauber trennen. Diese Arten der Dokumentation eignen sich sehr gut zur Aufbewahrung von Wissen. Zum Wissenserwerb und als Dokumentation für den Nutzer sind sie allerdings eher unbrauchbar, da sie sich nicht an den bekannten Prozessen orientieren. Da unterschiedliche Stakeholdergruppen immer auch unterschiedliche Wünsche an eine Spezifikation haben, ist die Bildung von erforderlichen Sichten auf die gesammelten Anforderungen meist die einzige sinnvolle Lösung.

Schlüsselkompetenzen für eine agile Systemanalyse

Betrachten Sie Ihre Stakeholder, bevor Sie eine geeignete Ermittlungstechnik auswählen. Nur wenn die gewählte Methode vorhandene Kommunikationsbarrieren beseitigt, kann die Systemanalyse erfolgreich sein. Ein agiler Einsatz von Ermittlungstechniken bedeutet immer eine „artgerechte", „menschengerechte" Auswahl geeigneter Techniken aus einem möglichst umfassenden Methodenkoffer.

Bei der Auswahl der Dokumentationstechnik weisen ebenfalls die vorliegenden Randbedingungen den Weg. Neben Zwängen, die durch ein vorgeschriebenes Vorgehensmodell oder Standards entstehen können, entscheiden Ihre Stakeholder und der fachliche Inhalt.

Bei der Verwaltung von Anforderungen sind die langfristigen Projektziele ausschlaggebend. Die Pflege einer Dokumentation ist nur interessant, wenn sie finanziert ist, d.h., ein Sponsor existiert.

Eingangs genannte Größen wie Zeit, Geld und Aufwand können eingespart werden, wenn

- nur Notwendiges und/oder Nützliches erzeugt wird,
- Redundanzen, außer gewünschten und notwendigen, vermieden werden und
- die richtigen Tools im Einsatz sind.

Die Glaubwürdigkeit einer Dokumentation ist für das Vertrauen ihrer Benutzer von hoher Relevanz. Veraltete Informationen führen zu Unglaubwürdigkeit und damit zu Verunsicherung und in letzter Konsequenz freier Interpretation durch die Leser bzw. Umsetzer.

Agile Architektur

Software-Architekturen bilden die Baupläne von Softwaresystemen. Sie beschreiben die Bestandteile von Systemen sowie deren Beziehungen untereinander und zur Außenwelt. In erster Linie sollten Architekturen für die innere Qualität von Systemen sorgen, wie beispielsweise Langlebigkeit, Verständlichkeit, Flexibilität, konzeptionelle Integrität, Sicherheit oder Effizienz. Architekturen bilden den sprichwörtlichen „Strang", an dem das gesamte Entwicklungsteam zieht.

Software-Architekturen müssen ein System für alle Stakeholder auf jeweils angemessene Art beschreiben. Daher werden Sie in der Regel unterschiedliche Darstellungen Ihrer Systeme für verschiedene Stakeholder erstellen müssen.

Architektur braucht Iterationen

James Dyson, Erfinder des nach ihm benannten beutelfreien Staubsaugers, hat 15 Jahre lang iteriert, seine Architektur an 5000 Prototypen getestet (nach [DeMarco+08], Pattern Nr. 84, „Schonzeit für Ideen"). Dieses Beispiel zeigt die Bedeutung von Iteration für Architekturen auf: Hervorragende Architekturen brauchen einige Iterationen (manche mehr, manche weniger). Während dieser Iterationen ändern sich einige Anforderungen – und schon haben wir die Agilität im Spiel. Das sieht in der Praxis wie folgt aus: Kunden und Umwelt ändern Anforderungen, Architekten reagieren und passen die Architektur den neuen Gegebenheiten an. Heraus kommt ein Kreislauf analog der folgenden Abbildung.

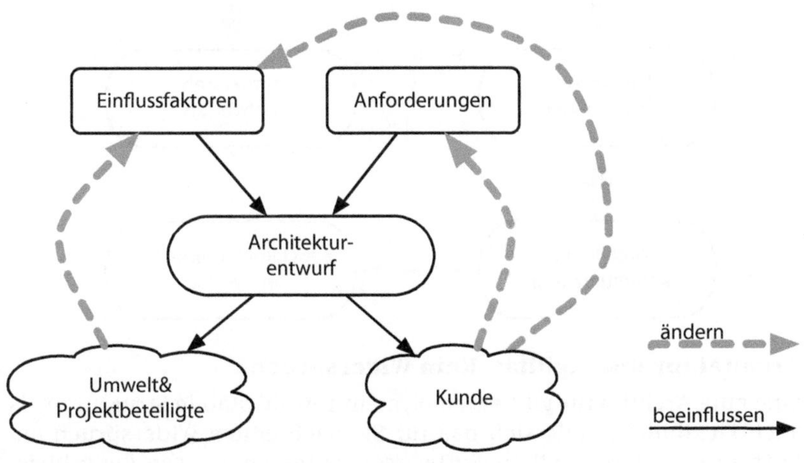

Sie sehen: Schleifen und Iterationen gehören dazu. Nur durch Iterationen können Sie auf geänderte Anforderungen und Einflussfaktoren zeitnah im Sinne Ihrer Kunden reagieren und die Konsequenzen von Entwurfsentscheidungen zuverlässig abschätzen. Die folgende

Abbildung zeigt einen Architekturprozess, der dieser Notwendigkeit Rechnung trägt (aus [Starke08]). Zu Beginn jeder Iteration klären Sie aktuelle Anforderungen und Einflussfaktoren. Am Ende jeder Iteration steht die Rückmeldung durch Bewertung.

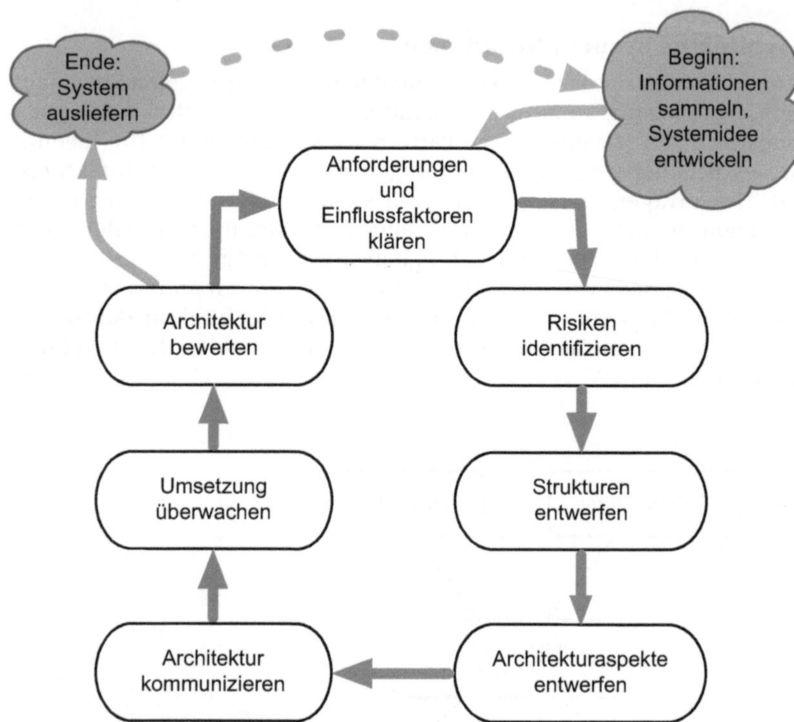

Architektur und Agilität: Kein Widerspruch

Eine gute Architektur gibt einem System sowohl stabile Strukturen als auch Flexibilität. Falls sich das für Sie nach einem Widerspruch anhört – Sie sind nicht allein! Software-Architekten müssen die schwierige Aufgabe lösen, beide Eigenschaften angemessen zu balancieren:

- Stabile Strukturen liefern dem Entwicklungsteam ein Gerüst, an dem das System wachsen und gedeihen kann. Sie gewährleisten Verständlichkeit, auch über Änderungen und Erweiterungen hinweg.
- Flexibilität ist die Basis für zukünftige Änderungen, für Wartbarkeit und Erweiterbarkeit.

Sie werden in den meisten Architekturen daher einen Kompromiss aus stabilen Strukturen und Flexibilität vorfinden. Genau das macht unserer Meinung nach die Agilität von Architekturen aus: Der angemessene Einsatz von Flexibilität innerhalb eines stabilen Rahmens. Zugegeben, das ist eine schwierige Aufgabe.

Flexibilität in der Softwareentwicklung können Sie auf unterschiedliche Arten erreichen: durch Entkopplung von Komponenten, durch zusätzliche Abstraktionsschichten oder durch den Einsatz diverser Entwurfsmuster. Oftmals geht Flexibilität zu Lasten von Einfachheit, Verständlichkeit oder auch Performance. Schaffen Sie von daher Flexibilität nur dort, wo sie angemessen (d. h. sinnvoll) ist. Die Crux agiler Architekturen ist es, die Stellen oder Aspekte von Systemen zu identifizieren, die flexibel sein müssen.

Wir zeigen Ihnen in den folgenden Abschnitten einige Aktivitäten, die Ihnen dabei helfen:

- Ausgangsbasis von Software-Architekturen bildet im Normalfall der fachliche Kern, auch Fachdomäne genannt. Trennen Sie die fachlichen Bestandteile der Architektur grundsätzlich von den softwaretechnischen – das sichert Wartbarkeit und Flexibilität.
- Entwerfen Sie eine Grundstruktur, die Systemidee. Dabei greifen Sie auf klassische Architekturmuster sowie auf Erfahrungen mit ähnlichen Systemen zurück. Einige Kernfragen im unten folgenden Abschnitt „Grundstruktur und Systemidee finden" unterstützen Sie dabei.
- Betrachten Sie die Einflussfaktoren, die auf das System wirken. Neben den funktionalen und nicht-funktionalen Anforderungen besitzen viele organisatorische und technische Faktoren erheblichen Einfluss auf Ihre Entwurfsentscheidungen. Auch dazu helfen wir Ihnen im Folgenden mit einigen Checklisten.
- Beachten Sie die Schnittstellen des Systems nach außen – die sind in vielen Entwicklungsprojekten besonders kritisch oder riskant.
- Beim Entwurf objektorientierter Systeme gelten einige Grundregeln oder Heuristiken. Diese Regeln sollten Sie in allen Entwurfssituationen beherzigen.
- Schließlich sollten Sie die Architektur Ihrer Systeme angemessen beschreiben. Dazu zeigen wir Ihnen einige Sichten oder Perspektiven, die für unterschiedliche Stakeholder nützlich sind.

Diese Schritte zeigen Ihnen, an welchen Stellen Flexibilität im System notwendig oder angemessen ist. Sie geben Ihnen eine grobe Metrik für Angemessenheit. In vielen Fällen wird diese Metrik ungenau sein, aber sie ist viel besser, als keine Vorstellung von Angemessenheit zu besitzen.

Grundstruktur und Systemidee finden

Beim Entwurf eines Systems können Sie einige Informationen über mögliche Grundstrukturen mit einigen einfachen Fragen klären (nach [Starke08]):

- Was ist die Kernaufgabe des Systems? Welches sind die wichtigsten Aspekte der Fachdomäne?
- Von wem wird das System genutzt? Auf welche Art und Weise und mit welcher Benutzeroberfläche?
- Welche Schnittstellen gibt es zu Fremdsystemen?
- Wie werden die Daten verwaltet? Welche Arten von Datenzugriffen sind notwendig?
- Wie wird der Ablauf des Systems gesteuert?
- Welche Aspekte des Systems müssen konfigurierbar sein (und welche bestimmt nicht)?
- Welche Last, welchen Datendurchsatz, welche Performance- und welche Sicherheitsanforderungen erwarten die Auftraggeber vom System?

Mit diesen Antworten ausgestattet, können Sie sich jetzt auf die Suche nach ähnlichen Systemen machen. Suchen Sie zuerst bei Architekturmustern (Schichten/Layer, Pipes&Filter, Blackboards und andere) nach Ideen für eine Grundstruktur. Gehen Sie zuerst Top-down vor und entwerfen Sie den grundlegenden Systemaufbau. Zerlegen Sie das System in kleinere Subsysteme, getreu dem Prinzip „Divide et impera" (Teile und herrsche), denn hohe Komplexität beherrschen Sie am besten durch Zerlegung in (kleinere) Teilprobleme. Es ist eine gute Gelegenheit, erste Skizzen der geplanten Architektur in Form erster Bausteinsichten zu erstellen (siehe Abschnitt „Architekturen angemessen beschreiben" auf Seite 24).

Wenn in Ihrem Team Unsicherheit über mögliche Strukturen besteht, dann entwickeln Sie Prototypen, um daran zu lernen. Beseitigen Sie systematisch die Aspekte oder Bestandteile, bei denen Sie unsicher sind oder Risiken erwarten.

Einflussfaktoren bewerten

Den maßgeblichen Einfluss auf Software-Architekturen besitzen in der Regel die konkreten Anforderungen an das System. Im Hinblick auf den Kompromiss zwischen stabilen Strukturen und notwendiger Flexibilität bekommen jedoch eine Reihe weiterer Faktoren Relevanz für die Architektur. Dazu zählen sowohl organisatorische als auch technische Faktoren. Erstellen Sie für Ihre Projekte Checklisten, auf denen Sie sämtliche Faktoren sammeln, die möglichen Einfluss auf Entwurfsentscheidungen nehmen. Nachfolgend finden Sie Beispiele für solche Faktoren (ohne Anspruch auf Vollständigkeit. Ausführliche Checklisten mit Erläuterungen finden Sie auf der Website zu diesem Buch).

Sind diese Faktoren in Ihrem Projekt starr oder flexibel? Mögliche Änderungen dieser Einflussfaktoren bedeuten, dass Sie an den betroffenen Stellen Flexibilität benötigen. Sie können auf Basis dieser Information abschätzen, an welchen Stellen im System Sie Puffer oder Abstraktionsschichten benötigen.

Organisatorische Einflussfaktoren	
Organisationsstruktur des Projektteams	Entwicklungsstandards
Eigenentwicklung oder externe Vergabe	Service Level Agreements
Entwicklung als Produkt oder Eigenbedarf	Haftungsfragen
Festpreis oder Zeit-/Aufwand	Datenschutz
Fokus auf Zeit, Budget oder Qualität	(Internationale) Rechtsfragen
Budget für technische Ressourcen	Nachweispflichten
Vorgehensmodell	Partnerschaften/Kooperationen
Bevorzugte Lieferanten/Produzenten	Qualitätsstandards
(...und viele andere mehr!!)	
Technische Einflussfaktoren	
Hardware-Infrastruktur	Software-Infrastruktur
Systembetrieb/-administration	Verfügbarkeit der Laufzeitumgebung
Batch-/Wartungsfenster	Betriebssysteme
Grafische Oberfläche	Bibliotheken, Frameworks, Komponenten
Programmiersprachen	Referenzarchitekturen
Analyse- und Entwurfsmethoden	Datenstrukturen, vorhandene Daten
Programmiervorgaben/-konventionen	Middleware, technische Kommunikation
Netztopologie	Entwicklungswerkzeuge
(...und viele andere mehr!!)	

Bitte beachten Sie, dass wir in der Tabelle nur einen Auszug darstellen können. In Ihrer speziellen Situation sollten Sie diese Übersicht um spezifische Faktoren ergänzen. Alle Dinge, die eine Auswirkung auf Entwurfsentscheidungen haben können, gehören in solchen Checklisten auf Papier gebracht!

Schnittstellen beachten

Nach der Betrachtung möglicher Einflussfaktoren sollten Sie die Schnittstellen Ihres Systems bewerten. Schnittstellen gehören zu den neuralgischen Punkten von Softwaresystemen. Sie unterliegen häufig nicht Ihrer Kontrolle; Sie sind den Unwägbarkeiten von Schnittstellen praktisch ausgeliefert.

Daher sollten Sie besonderes Augenmerk darauf legen, möglichst viele Informationen über die Schnittstellen zu erfassen. Auch hierbei helfen Ihnen einfache Checklisten weiter, auf denen Sie die Charakteristika sämtlicher Schnittstellen notieren können. Diese Informationen helfen Ihnen ebenfalls dabei, notwendige Flexibilitäten in Ihren Entwürfen zu identifizieren und zu lokalisieren.

Checkliste Schnittstellen

Welche Schnittstellen gibt es?
Wie fehlertolerant sind die Schnittstellen?
Automatisch oder manuell?
Bestehen Medienbrüche?
Wie performant?
Liegt Quellcode vor?
Erfahrung über Nutzung vorhanden?
Sind diese Schnittstellen stabil?
Funktionale- oder Datenschnittstellen?
Synchron oder asynchron?
Semantik (API) ausreichend dokumentiert?
Änderbar oder starr?
Nutzung über welches Protokoll?
Auswirkung auf Performance?

(...und viele andere mehr!!)

Architekturen angemessen beschreiben

Sie glauben nur so lange, dass Ihr Entwurf perfekt ist, bis Sie ihn jemand anderem gezeigt haben.
Eberhard Rechtin,
„The Art of System-Architecture“

Bei der Beschreibung von Architekturen kann Ihnen eine Erfahrung aus der Gebäudearchitektur helfen: Dort erstellen Architekten für verschiedene Beteiligte (Statiker, Maurer, Elektriker, Heizungsbauer, Käufer, Behörden und andere) jeweils unterschiedliche Sichten auf das Gebäude. Die Erfahrung hat dort gezeigt, dass eine einzige Darstellung nicht sämtliche Stakeholder glücklich machen kann.

Setzen Sie diese Erfahrung in Ihren Software-Architekturen um: Ermitteln Sie, welche Stakeholder welche Art von Informationen über das System benötigen. Denken Sie dabei (zumindest) an Auftraggeber, Projektleiter, Entwickler, Software-Designer, Betreiber, Administratoren, Verkäufer, Qualitätssicherer – sicherlich finden Sie für Ihr Projekt noch weitere Stakeholder. Sprechen Sie mit den Beteiligten die Form und Methode der Architekturbeschreibung ab, die Sie erstellen und pflegen werden. Bitte beachten Sie dabei den Abschnitt über „Agile Dokumentation" auf Seite 33.

In der Praxis haben sich folgende Sichten bewährt (nach [Starke08]):

- *Kontextsicht:* Sie beschreibt das System aus der Vogelperspektive und stellt das System in einem großen Kontext dar. Zur Notation der konzeptionellen Sicht können Sie Paket- oder Klassendiagramme der UML verwenden.
- *Bausteinsicht:* Wie ist das System intern aufgebaut? Aus welchen Softwarebestandteilen besteht es und wie arbeiten diese zusammen? Die Bausteinsicht können Sie hierarchisch angemessen verfeinern, bis hin zum Quellcode! Diese Sicht dient der Aufteilung von Arbeitspaketen für Entwicklungsteams, sie unterstützt Projektleiter und dient als Referenz für Softwareentwickler. Für diese statische Sicht verwenden Sie Paket- oder Klassendiagramme.
- *Laufzeitsicht:* Wie arbeitet das System zur Laufzeit? Welche Bestandteile existieren, in welchen Prozess- oder Adressräumen arbeiten sie? Diese dynamische Sicht stellen Sie durch Sequenz- oder Interaktionsdiagramme dar.
- *Verteilungssicht:* In welcher Umgebung läuft das System ab? Auf welchen Hardwarekomponenten, mit welchen Betriebssystemen, in welcher Netztopologie? Diese Sicht unterstützt sowohl Betreiber (Administratoren, Rechenzentren) als auch Entwickler.

Einige Tipps zur Beschreibung von Architekturen (mehr dazu finden Sie bei [arc42] und [Starke08]:

- Wählen Sie Beschreibungsmittel, die Ihre Stakeholder verstehen. UML bietet sich aufgrund seiner Verbreitung an.
- Beginnen Sie mit der Kontextsicht und stellen Sie Ihr System im Zusammenhang mit seinen Nachbarn dar. Skizzieren Sie alle ein- und ausgehenden Schnittstellen.
- Entwickeln Sie nun eine Bausteinsicht. Stellen Sie die obersten ein oder zwei Ebenen dar und verfeinern Sie nur bei Bedarf. Sie können hierbei z.B. Ihre „erste Systemidee" (siehe Abschnitt „Grundstruktur und Systemidee finden" auf Seite 22) als Paketdiagramm innerhalb der Bausteinsicht darstellen.
- Die Bausteinsicht können Sie hierarchisch verfeinern. Gehen Sie Top-down vor und beginnen Sie mit der Sicht von ganz oben.
- Den Ablauf der wichtigsten Anwendungsfälle (oder User-Stories) sollten Sie durch Laufzeitsichten skizzieren.
- Beschaffen Sie sich so früh wie möglich Feedback zu den Sichten. Fragen Sie (zumindest) bei Managern, Fachleuten, Entwicklern und Betreibern nach deren Eindrücken.

Die folgende Tabelle zeigt Ihnen die pragmatische und vielfach erprobte Gliederung des arc42-Templates zur Architekturdokumentation. Damit können Sie effektiv und angemessen Ihre Architekturen beschreiben. Unter [arc42] finden Sie dazu Beispiele und Erläuterungen.

Template zur Architekturdokumentation (nach [arc42])

1. Einführung und Ziele
1.1 Übersicht fachlicher Anforderungen
1.2 Wesentliche Architekturziele
1.3 Projektbeteiligte (Stakeholder)

2. Randbedingungen
2.1 Technische Randbedingungen
2.2 Organisatorische Randbedingungen
2.3 Konventionen

3. Kontextsicht
3.1 Fachlicher Kontext
3.2 Technischer oder Verteilungskontext

4. Bausteinsicht

5. Laufzeitsicht (verschiedene Szenarien für zentrale Use-Cases)

6. Verteilungssicht

7. Architekturaspekte und technische Konzepte (Lösungsansätze für übergreifende Themen)
7.1 Persistenz
7.2 Grafische Oberfläche
7.3 Ergonomie
7.4 Ablaufsteuerung
7.5 Transaktionsbehandlung
7.6 Sicherheit (Safety, Security)
(und andere, hier nicht alle aufgezählt)

8. Entwurfsentscheidungen (Top-down, verschiedene Detaillierungen)

9. Szenarien zur Architekturbewertung (zur Einschätzung, ob die Architektur Risiken hinsichtlich der geforderten Qualitätsmerkmale enthält)

Grundregeln zum Entwurf

In agilen Projekten gehören Änderungen zum Normalfall. Dabei ist es umso wichtiger, dass Sie als Architekt oder Software-Designer einige Grundregeln beherzigen, die Änderbarkeit und Flexibilität fördern. Wir haben aus einem anderen Buch dieser kompakt-Reihe („Patterns kompakt“, [EilSta06]) einige dieser Grundregeln für Sie zusammengestellt.

Prinzip der einzelnen Verantwortlichkeit

(Single-Responsibility Principle) Jede Klasse sollte eine strikt abgegrenzte Verantwortlichkeit besitzen. Vermeiden Sie es, Klassen mehr als eine Aufgabe zu geben. Robert Martin formuliert es so: „Jede Klasse sollte nur genau einen Grund zur Änderung haben.“ ([Martin], S. 95). Beispiele für solche Verantwortlichkeiten (nach [Larman]):

- Etwas wissen, Daten oder Informationen über ein Konzept kennen.
- Etwas können, Steuerungs- oder Kontrollverantwortung.
- Etwas erzeugen.

Offen-Geschlossen-Prinzip

(Open-Closed Principle) Software-Komponenten sollten offen für Erweiterungen aber geschlossen für Änderungen sein. Erweiterungen sollten ohne Änderung an bestehendem Quellcode möglich sein.

Prinzip der Umkehrung von Abhängigkeiten

(Dependency Inversion Principle) Nutzer einer Dienstleistung sollten möglichst von Abstraktionen (d. h. abstrakten Klassen oder Interfaces), nicht aber von konkreten Implementierungen abhängig sein. Abstraktionen sollten auf keinen Fall von konkreten Implementierungen abhängen.

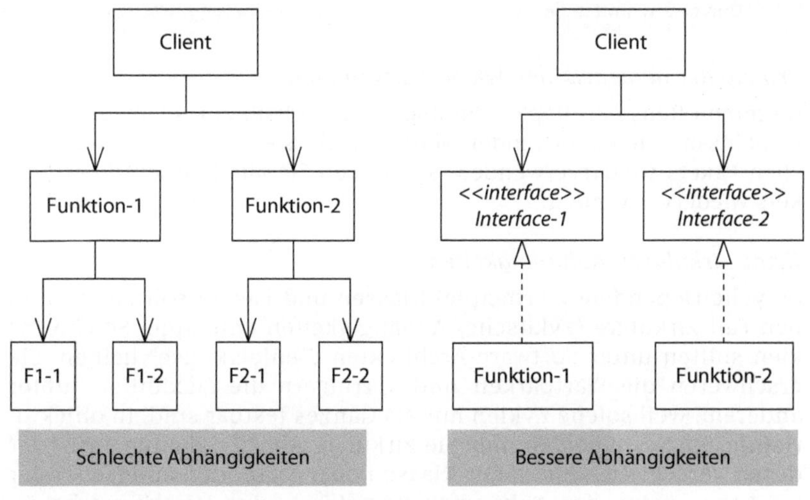

Prinzip der Abtrennung von Schnittstellen

(Interface Segregation Principle) Clients sollten nicht von Diensten abhängen, die sie nicht benötigen. Interfaces gehören ihren Clients, nicht den Klassenhierarchien, die diese Interfaces implementieren. Entwerfen Sie Schnittstellen nach den Clients, die diese Schnittstellen brauchen.

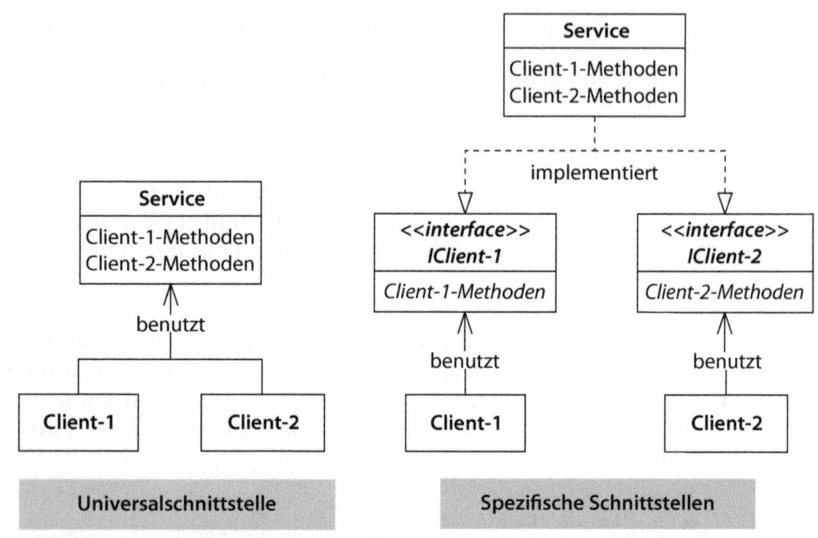

Prinzip der gemeinsamen Wiederverwendung

(Common Reuse Principle) Die Klassen innerhalb eines Pakets sollten gemeinsam wiederverwendet werden. Falls Sie eine Klasse eines solchen Pakets wiederverwenden, so können Sie alle Klassen dieses Pakets wiederverwenden.

Keine zirkulären Abhängigkeiten

(Acyclic Dependency Principle) Klassen und Pakete sollten auf keinen Fall zirkuläre (zyklische) Abhängigkeiten enthalten. Solche Zyklen sollten unter Software-Architekten „Teufelskreise" heißen: Sie erschweren die Wartbarkeit und verringern die Flexibilität, unter anderem, weil solche Zyklen nur als Ganzes testbar sind. In objektorientierten Systemen können Sie zirkuläre Abhängigkeiten entweder durch Verschieben einzelner Klassen oder Methoden auflösen, oder Sie kehren eine der Abhängigkeiten durch eine Vererbungsbeziehung um.

Prinzip der stabilen Abhängigkeiten

(Stable Dependencies Principle) Führen Sie Abhängigkeiten möglichst in Richtung stabiler Bestandteile ein. Vermeiden Sie Abhängigkeiten von volatilen (d. h. häufig geänderten) Bestandteilen.

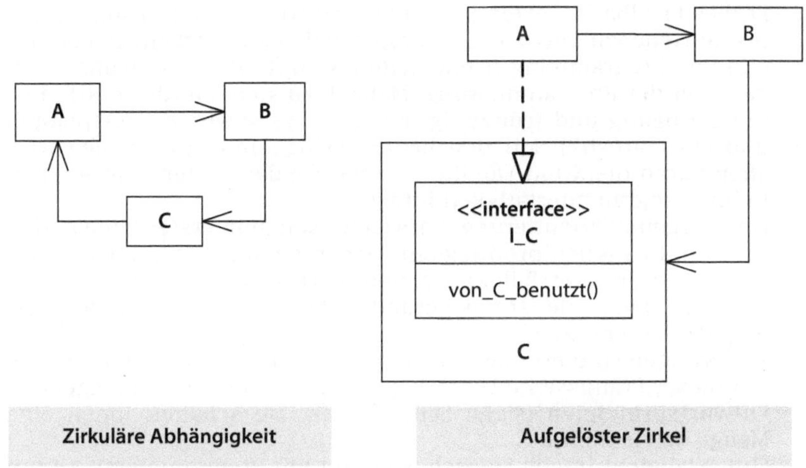

Zirkuläre Abhängigkeit

Aufgelöster Zirkel

Eine beabsichtigte Wiederholung...

Strukturen in Softwaresystemen entstehen im Normalfall iterativ: Sie entscheiden und entwerfen, erhalten Rückmeldung zu diesen Entwürfen (durch Prototypen, Pilotierung, Tests oder auch Diskussion mit anderen Beteiligten) und ändern – und so weiter. Entwurf Up-front (d. h. ohne Prototypen oder Pilotierung einiger Systemteile) ist die Ausnahme. Dieses Vorgehen bedeutet, dass Architektur eine projektbegleitende und kontinuierliche Tätigkeit darstellt, die keineswegs kurz nach Projektstart beendet ist.

Bitte schauen Sie erneut auf die Abbildungen zum Thema „Iterationen" im Abschnitt „Architektur braucht Iterationen" auf Seite 19.

Agile Programmierung

Wir bauen Software wie Kathedralen.
Erst bauen, dann beten.
Gerhard Chroust

Die Programmierung gehört mit zu den kreativsten Tätigkeiten der Softwareentwicklung. In diesem Abschnitt zeigen wir Ihnen, wie Sie einige Grundprinzipien der Agilität bei der Implementierung umsetzen können. Hierzu zählen insbesondere:

- Frühes Feedback: Testen Sie häufig und frühzeitig. Der Ansatz der testgetriebenen Entwicklung, ursprünglich ein Markenzeichen des eXtreme Programming (siehe Seite 84), optimiert das frühe Feedback bei der Programmierung. Mehr dazu siehe in Abschnitt „Testen Sie häufig und frühzeitig“ auf Seite 33 sowie in [Westphal06] und [Meszaros07]. Mit den heute verfügbaren Test-Frameworks, allen voran die XUnit-Familie, können Sie das Testen sehr effektiv in Ihre Programmiertätigkeit integrieren.
- Hohe Ergebnisorientierung: Entwickler sollen in erster Linie lauffähige Applikationen produzieren. Sicher, dazu gehören auch Dokumentation und Testfälle, aber ohne korrekten, performanten und flexiblen Quellcode ist das gesamte Beiwerk der Softwareentwicklung (relativ) nutzlos!
- Änderungen sind normal und keine Ausnahme. Programmieren Sie mit dieser Prämisse im Hinterkopf. Wenden Sie die grundlegenden Entwurfsprinzipien (siehe Seite 26) an, sie schaffen Ihnen eine Menge an Flexibilität.
- Mut. Vielleicht fragen Sie sich, was Mut mit Programmieren zu tun hat. Manchmal brauchen Sie Mut, um ausgetretene Pfade zu verlassen und angemessene Wege zu betreten. Vielleicht ist eine einfache und schnelle Lösung angemessen, wo Sie bislang die vollständig konfigurierbare Luxuslösung entwickelt haben. Sie brauchen Mut, um eine Menge an Quellcode einfach zu löschen und neu zu schreiben, statt viel Zeit in Flickwerk zu investieren (eine häufig angemessene, aber selten angewandte Methode, die Software-Welt zu verbessern!).

Eines können wir in diesem kleinen Buch leider nicht leisten: Ihnen Tipps für sämtliche verbreiteten Programmiersprachen geben. Notgedrungen beschränken wir uns auf recht allgemeine Hinweise. Wir möchten uns an dieser Stelle bei den „pragmatischen Programmierern“ Andrew Hunt und Dave Thomas bedanken. Aus ihrer Feder stammt das fantastische Buch „Der pragmatische Programmierer“ [HuntThomas03], aus dem wir einige der folgenden Tipps in Kurzform übernommen haben.

Agile Programmierung braucht Disziplin

Agile Programmierung ist kreativ und gleichzeitig hochgradig diszipliniert. Agile Programmierung hat nichts, aber auch gar nichts mit wüstem Hackertum zu tun. Das Paradebeispiel dafür liefert eXtreme Programming (siehe Seite 84) – ein gleichermaßen agiles wie diszipliniertes Vorgehen bei der Softwareentwicklung.

Geben Sie Ihren Projekten fundierte Programmierrichtlinien (Coding Style) – Sie finden hervorragende Vorlagen und Beispiele zu vielen Sprachen im Internet. Stellen Sie einige Bücher mit spezifischen Programmiermustern, -tipps und Best Practices an zentralen Stellen im Projekt auf. Geben Sie die Kriterien und Maßstäbe von Codereviews allen Entwicklern bekannt. Das erfordert zu Beginn einen gewissen Abstimmungsaufwand, vermeidet auf Dauer aber viele Missverständnisse.

Keine Wiederholung

Wiederholen Sie keine Information. Vermeiden Sie Redundanz. Erläutern Sie nichts in Kommentaren, was aus dem Quellcode offensichtlich hervorgeht. Fassen Sie wiederholte Informationen aus unterschiedlichen Stellen im Code zusammen, wo immer es möglich ist. Das Paradebeispiel dafür sind Konstanten (Strings oder auch Zahlen), die im Quellcode nur in Ausnahmefällen etwas zu suchen haben (In Java beispielsweise gehören Konstanten in ein Interface, das jede benutzende Klasse implementiert).

Kontrollieren Sie Abhängigkeiten

Übermäßige Abhängigkeiten zwischen Softwarekomponenten führen zu starren, unflexiblen und schwer wartbaren Systemen. Andererseits benötigen Sie eine gewisse Zahl von Abhängigkeiten, sonst könnten Sie keine Beziehungen zwischen Komponenten herstellen. Im Abschnitt über Agile Architekturen können Sie einiges über Abhängigkeiten lesen – das sollten Sie auch bei der Programmierung beherzigen.

Schätzen und messen Sie

Programmierer werden ständig nach Zahlen gefragt: Wann sind Sie fertig? Wie viele Datensätze verarbeitet Ihr Modul pro Stunde? Kommen wir mit einer 2-Mbit-Leitung aus? Ihre Standardantwort auf solche Fragen sollte lauten: „Ich werde mich bei Ihnen melden.“ (So sagen es die „pragmatischen Programmierer“, siehe oben, und wir schließen uns dieser Aussage vorbehaltlos an). Sie brauchen Zeit, vernünftige Schätzungen oder Messungen durchzuführen.

Üben Sie Schätzen, das schützt Sie im Zweifelsfall vor Überraschungen. Beim Programmieren können Sie auch schätzen: Wie schwer wird es, dieses Programmstück später zu ändern? Wie viele Clients können das Modul parallel benutzen, ohne dass es zu Performanceeinbrüchen kommt? Prüfen Sie Schätzungen durch echte Messungen nach – diese Übung kommt Ihnen garantiert zugute!

Halten Sie die Qualität hoch

Akzeptieren Sie keine schlechte Qualität. Bringen Sie Quelltext (und Entwürfe) in Ordnung, wenn Sie auf mögliche Probleme stoßen. Sauberkeit im Entwurf und im Code ist die Basis für Flexibilität – und die werden Sie auf jeden Fall brauchen. Setzen Sie Techniken und Werkzeuge ein, die Sie in punkto Qualität unterstützen. Test-Frameworks für Unit-Tests sind dabei erste Wahl (etwa die XUnit-Familie). Zusätzlich hilft das Konzept von „Design-by-Contract": Dabei reichern Sie Ihre Programme um Befehle an, die Rechte und Pflichten überprüfen, genauer: Vor- und Nachbedingungen von Funktionen und Methoden. Java bietet beispielsweise (ab JDK 1.4) dazu die sogenannten assert-Befehle an.

Als drittes Hilfsmittel empfehlen wir Ihnen, regelmäßig Software-Metriken einzusetzen. Messen Sie in Ihren Projekten alle für die Situation relevanten Größen. Falls beispielsweise die Performance eine zentrale Rolle spielt, sollten Sie im Daily-Build (sie integrieren doch hoffentlich täglich, oder?) einen möglichst realistischen Lasttest integrieren. Sie können viele strukturelle Metriken automatisch ermitteln lassen, Komplexität, Abhängigkeiten (insbesondere die gefährlichen zirkulären!), Verletzungen von Style-Guide-Vorgaben, fehlende Kommentare und vieles mehr. Metriken sollten Sie regelmäßig aufnehmen und über die Zeit beobachten. Verwenden Sie Metriken als Indikatoren für Schwachstellen oder Risiken, nicht um damit Programmierer zu bewerten (denn dafür sind Metriken völlig ungeeignet!).

Schauen Sie über den Tellerrand

Die Syntax von Programmiersprachen ist in der Regel leicht erlernbar. Leider kommt kaum ein echtes Projekt mit den grundlegenden Sprachmitteln aus, sondern benötigt eine Unmenge an Bibliotheken, Frameworks, Zusätzen oder sonstigen Tools. Dort lauert oftmals erheblich mehr Komplexität als in den Sprachen selbst. Es genügt heute nicht mehr, die Grundkonstrukte von Java oder C# zu lernen, sondern die Bibliotheken bringen in Projekten den meisten Wert (oder bergen das höchste Risiko – je nachdem, auf welcher Seite Sie stehen!).

Wir empfehlen Ihnen, regelmäßig über den Tellerrand Ihrer eigenen Anforderungen und Lösungen zu schauen. Diskutieren Sie mit Kollegen/-innen über deren Probleme, nehmen Sie an Konferenzen teil und besuchen Sie Workshops zu neuen Technologien. Probieren Sie andere Sprachen aus, lesen Sie viel über Entwurfsmuster und Programmier-Idiome. Kurz: Verbreitern Sie Ihr Fachwissen soweit es eben geht. Sie werden garantiert neue Impulse für Ihre eigene Arbeit bekommen.

Eine hervorragende Möglichkeit dazu sind die vielen Open-Source-Projekte, bei denen Entwurf und Code frei zugänglich im Internet auf Interessenten warten. Lernen Sie aus deren Entwürfen, diskutieren Sie mit den Autoren über Vor- und Nachteile von Entwurfsansätzen. Eine gute Anlaufstelle im Internet sind die Open-Source Portale Sourceforge und Codehaus, unter www.sourceforge.net sowie www.codehaus.org erreichbar.

Testen Sie häufig und frühzeitig

Im Abschnitt über eXtreme Programming und testgetriebene Entwicklung gehen wir ausführlicher auf die Notwendigkeit und Sinnhaftigkeit automatischer Tests ein. Dort erläutern wir Ihnen kurz das Vorgehen und beschreiben eine Reihe von Vorteilen. Insbesondere erfahren Sie, wie Sie sich mit Unit-Tests gegen zukünftige Änderungen versichern können und warum solche Tests zu besseren Entwürfen beitragen.

Also – blättern Sie mal zu Seite 88.

Agile Dokumentation

Clarity is our only defense
against the embarrassment felt on
completion of a large project
when it is discovered,
that the wrong problem
has been solved.
C.A.R. Hoare, 1985

Dokumentation – das ungeliebte Thema. Auch in agilen Projekten müssen Sie eine Dokumentation erstellen, Sie sollten jedoch deren Angemessenheit hinterfragen. Wir empfehlen Ihnen für agile Projekte einige Grundsätze:

- So wenig Dokumentation wie möglich, aber soviel wie nötig.
- Warum statt wie.
- Dokumentieren Sie redundanzfrei: One-fact, one-place.
- Dokumentieren Sie aus Lesersicht.

Angemessenheit von Dokumentation bedeutet in keinem Fall, dass Sie hohe Risiken eingehen und auf Dokumentation grundsätzlich verzichten! Grundlegende Qualitätsmerkmale wie Präzision, Einfachheit, Klarheit und Widerspruchsfreiheit setzen wir voraus.

So wenig wie möglich, so viel wie nötig

Beantworten Sie sich die Frage, welchem Zweck eine bestimmte Dokumentation dient. Wenn ein fünfseitiges Dokument ausreicht, müssen Sie keine 50 Seiten schreiben. Fragen Sie aber auch, was geschieht, wenn Sie ein bestimmtes Dokument nicht erstellen! Wenn Ihr Auftraggeber Ihrer Meinung nach zu viel Dokumentation fordert, machen Sie ihm die Kosten für Erstellung und Pflege dieser Dokumente transparent.

Wir haben in agilen Projekten Teile der Dokumentation zu Bestandteilen früher Entwicklungsphasen gemacht. Behandeln Sie dabei das Feedback Ihrer Leser genauso, wie Sie Programmierfehler behandeln.

Warum statt wie

Für das Verständnis komplexer Sachverhalte ist die Begründung, das „Warum", sehr hilfreich. Dokumentieren Sie, aus welchem Grund oder zu welchem Zweck Sie sich für eine bestimmte Entwurfsalternative entschieden haben. Beschreiben Sie, welchen fachlichen oder technischen Grund eine bestimmte Komponente innerhalb des Systems hat. Behalten Sie ein klassisches Anti-Beispiel im Kopf, das vielen von uns in der Praxis schon häufig begegnet ist:

```
i = i + 1;
// i wird um eins erhöht
```

Viel sinnvoller als der Kommentar, was an dieser Stelle geschieht, wäre die Begründung, warum gerade diese Aktion im Programm ausgeführt wird. Was ist der fachliche oder technische Hintergrund der Aktion?

Halten Sie sich bei Ihrer Dokumentation an diese Grundregel: Begründen Sie Sachverhalte, statt sie nur zu beschreiben. Warum statt wie, alles andere verletzt in der Regel die (folgende) Forderung nach Redundanzfreiheit!

Redundanzfrei dokumentieren

Vielleicht kennen Sie diesen Tipp als „DRY-Prinzip": Don't Repeat Yourself. Wiederholungen und Redundanzen führen zu Doppelarbeit bei der Pflege der Dokumentation. Stellen Sie sicher, dass eine bestimmte Information (möglichst) nur an einer einzigen Stelle beschrieben wird.

Auch dieses Prinzip sollten Sie angemessen einsetzen: Sinnvoll angewandt kann eine Wiederholung auch das Verständnis erleichtern – das ist dann kontrollierte Redundanz.

Aus Lesersicht dokumentieren

Versetzten Sie sich bei der Dokumentation in die Rolle Ihrer Leser. Kennt der Leser das System? Die verwendete Technik? Möglicherweise müssen Sie Sprache und Ausdrucksmittel anpassen, damit Ihre Leser Sie verstehen können. Außerdem wird eine Dokumentation häufiger gelesen als geschrieben. Das rechtfertigt oftmals die Erstellungs- und Pflegekosten von Dokumenten, weil sie einmal geschrieben, aber n-fach gelesen werden.

Agile Rückblicke und Retrospektiven

Yesterday is not ours to recover,
but tomorrow is ours to win or to lose.
Lyndon B. Johnson, 1963

Norman Kerth, Autor des sehr lesenswerten Klassikers zum Thema „Retrospektiven" [Kerth01] schreibt in seiner Einleitung:

„Wenn wir nur einen Moment zum Nachdenken innehielten und über Alternativen nachdächten, dann bin ich sicher, dass wir bessere Wege fänden, unsere Arbeit zu tun." (Deutsche Übersetzung von [Kerth01], S. 15)

Dieses Zitat bringt die Intention von Rückblicken und Retrospektiven auf den Punkt: Wir sollten nach Wegen suchen, unsere Arbeit zu verbessern. Das steigert Qualität, erhöht die Motivation und spart sowohl Zeit als auch Geld!

Führen Sie Rückblicke, Reflektionen oder Retrospektiven mit Fokus auf Verbesserung durch. Es sollte keinesfalls um Schuldzuweisungen gehen, auch nicht um Routineveranstaltungen zum „Dampf ablassen".

Was können wir durch Rückblicke verbessern?

Manche Manager lehnen Rückblicke oder Retrospektiven aufgrund des Vorurteils ab, es ginge „nur um Prozesse" – und die könne man ja sowieso nicht so einfach ändern.

Wir möchten Sie ermuntern, in Rückblicken und Retrospektiven Ihr Blickfeld zu weiten und sämtliche Dinge zu betrachten, die Ihnen verbesserungswürdig erscheinen. Nach einem Projekt oder einer Projektphase wissen Sie nach unserer Einschätzung über mindestens die folgenden Dinge besser Bescheid als vorher (und haben daher sicherlich Ideen, sie zu verbessern!):

- Anforderungen und deren Dokumentation
- Projektorganisation, sowohl intern wie auch extern
- Entwicklungsprozesse
- Teamstruktur und -organisation, insbesondere Kommunikation im Team
- Aufgabenverteilung im Team oder dem Projekt, spezielle Fähigkeiten oder Vorlieben der Beteiligten
- Einfluss und Konsequenzen von Randbedingungen
- Zeit- und Terminplanung, insbesondere Aufwandsschätzungen
- Softwarearchitektur und deren Dokumentation
- detaillierter Entwurf von Implementierungsbausteinen
- Testfälle und Vorgehen beim Test

Das sind doch genügend Gründe, Ihrem Projekt einen Rückblick zu gönnen, oder? Zu den typischen Verbesserungen nach Retrospektiven gehören die folgenden (in Anlehnung an [Derby/Larsen06]):

- Verbesserte Produktivität: Teams erkennen und eliminieren uneffektive Tätigkeiten und verbessern projekt- und teaminterne Abläufe.
- Verbesserte Fähigkeiten und Know-how-Transfer: Besondere Fähigkeiten oder Kenntnisse einzelner Teammitglieder werden effektiver eingesetzt oder im Team weitergegeben.
- Verbesserte Qualität: Schwachstellen an Arbeitsergebnissen werden erkannt und Wege zur Verbesserung identifiziert – ohne Schuldzuweisungen, sondern mit Fokus auf gegenseitige Verbesserung.
- Gesteigerte Motivation: Teams wollen gute Arbeit leisten – und Verbesserungen motivieren!

Ablauf von Retrospektiven

Bereiten Sie möglichst alle Projektbeteiligten im Vorfeld auf das Ziel „gegenseitige Verbesserung“ vor. Sorgen Sie dafür (oder lassen Sie einen erfahrenen Moderator dafür sorgen!), dass alle Beteiligten während der Veranstaltung auch zu Wort kommen – ohne Ausnahme!

Schuldzuweisungen und persönliche Angriffe während der Diskussionen müssen Sie unterbinden – dafür benötigen Sie eine gehörige Portion Moderationserfahrung.

Sammeln Sie im Vorfeld Daten und Informationen über das Projekt. Leiten Sie die Aufmerksamkeit der Teilnehmer einmal über die gesamte Betrachtungszeit der Retrospektive. Sprechen Sie auch Themen an, die schon länger zurückliegen. In diesem Zusammenhang haben wir gute Erfahrung mit einem Historama gemacht, einer Art „Zeitachse-des-Projekts“, auf die alle Teilnehmer besondere Vorkommnisse notieren können.

Schließlich besprechen Sie im Hauptteil der Retrospektive mögliche Verbesserungen: Sie können hierzu Brainstorming, Mindmaps, Kartenabfragen oder andere Kreativitätstechniken einsetzen. Je nach verfügbarer Zeit können Sie in Arbeitsgruppen einzelne Themen oder Schwerpunkte vertieft bearbeiten lassen.

Zum Abschluss jeder Retrospektive sollten Sie gemeinsam Maßnahmen beschließen.

Ein Wort zur Vorsicht: Gerade in großen Organisationen können manche der in Retrospektiven erarbeiteten Maßnahmen nur über Managementhierarchien entschieden werden. Bleiben Sie in einer Retrospektive realistisch!

Agiles Projektmanagement

Kaum eine Branche ist dynamischer als die IT-Industrie. Stabile Randbedingungen und eine unveränderte Marktsituation sind während der gesamten Dauer eines Entwicklungsprojekts praktisch nie gegeben. Softwareprojekte sind heute komplexer und anspruchsvoller. Sich ändernde Anforderungen, verschobene Prioritäten, neue Technologien oder aktualisierte Standardprodukte bestimmen den Projektalltag. Innovationszyklen werden immer kürzer. Softwareprojekte müssen mit diesem Änderungstempo Schritt halten. Flexibilität ist gefordert. Agilität ist hierfür ein vielversprechender Lösungsansatz.

Dieser Abschnitt konzentriert sich auf Angemessenheit im Projektmanagement und greift damit einen Aspekt der Agilität heraus. Erfolgreiche Projekte benötigen ein angemessenes Vorgehen, sowohl im Entwicklungsprozess als auch im Management. Oder, schärfer formuliert, unpassendes Vorgehen verhindert den Projekterfolg! Dabei ist es nicht ausreichend, einen agilen Entwicklungsprozess zu etablieren und im Management alles beim Alten zu belassen. Auch das Management muss sich der Dynamik heutiger Softwareprojekte anpassen.

Maximen erfolgreicher Projekte

Wenn Sie sich in der Praxis umschauen und nachforschen, was bestimmte Projekte erfolgreicher macht als andere, dann werden sie schnell auf folgende Erfolgsrezepte stoßen. Projektmanager von erfolgreichen Projekten [Ger03]

- schätzen ein motiviertes Team höher als perfekt ausgeklügelte Regeln,
- legen mehr Wert auf gute Kommunikation im Team als auf ein formalisiertes Berichtswesen,
- achten darauf, dass ein erreichtes Ergebnis mehr zählt als die sture Abarbeitung einer vorgeschriebenen Aufgabe,
- akzeptieren kontinuierliche Änderungen im Projekt und halten nicht starr an Planvorgaben fest,
- wenden für die Verbesserung des Vertrauens im Team mehr Zeit auf als für Kontrollverfahren,
- schätzen die Erfahrungen aus vorigen Projekten wertvoller ein als die Aussagen in Prozessmodellen oder Lehrbüchern,
- geben angemessenen Vorgehensweisen den Vorzug gegenüber extremem Handeln und
- managen aktiv die Risiken ihres Projekts statt Krisen zu bewältigen.

Erfolgreiche Manager leben diese Maximen – auch wenn ihnen dabei der Begriff Agilität nicht unbedingt bewusst ist. Agiles Projektmanagement ist eine Sammlung von Ideen und Vorgehensweisen, die sich schon vielfach im Projektalltag bewährt haben. Es ist angemessen, situationsgerecht und bedarfsorientiert.

Kundenzufriedenheit, motivierte Teams und effektives Risikomanagement durch Ergebnisorientierung, Angemessenheit, Flexibilität und Lernfähigkeit stehen im Mittelpunkt agiler Prozesse. Ein gutes Beispiel dafür sind die Praktiken von Scrum.

Inhalt und Aufgaben des Projektmanagements

Verschaffen wir uns einen kurzen Überblick über die grundlegenden Aufgaben eines Projektmanagers. Das Ziel des Projektmanagements besteht darin, alle Aktivitäten im Projekt so zu koordinieren, dass das geforderte Produkt in der gewünschten Qualität, innerhalb des gesetzten Zeitrahmens und ohne Überschreitung der vorgegebenen Ressourcen erstellt wird. Im Einzelnen legen Sie dazu im Team die Ziele fest, überführen diese in überschaubare Teilergebnisse, planen die Aktivitäten für ihre Umsetzung, verfolgen ihren Fortschritt, entwickeln eine adäquate Organisation für das Projekt, informieren und führen Ihr Team, wirken auf die Prozesse steuernd ein und treffen immer wieder Entscheidungen. Ziele setzen, Planen, Überwachen, Steuern, Organisieren, Informieren, Entscheiden und Führen bilden die acht Grundaufgaben für jeden Manager. Um die konkrete Ausprägung dieser Managementaufgaben geht es, wenn wir über angemessenes, situationsgerechtes sowie bedarfsorientiertes und damit agiles Projektmanagement sprechen.

Ihr Weg zur Angemessenheit

Sie wissen aus Erfahrung, dass nicht jedes Projekt gleich gemanagt werden kann. Was für den einen unerträgliche Bürokratie ist, ist für den anderen unabdingbare Notwendigkeit. Jedes Projekt hat seinen eigenen Charakter. Inhalt, Laufzeit, Beteiligte und Organisation sind spezifisch ausgeprägt. Sie müssen sich überlegen, welche Art und Weise und welcher Umfang von Planung, Organisation oder Überwachung für Ihr Projekt angemessen sind. Wenn Sie nun analysieren, welches die treibenden Kräfte für das Hinzufügen oder Weglassen bestimmter Techniken, Methoden und Vorgehensweisen sind, werden Sie schnell als Antwort finden, dass es die Projekteigenschaften und die damit verbundenen Risiken des Projekts sind.

Das Projekt charakterisieren

Dann ist ja alles klar: Kleine Projekte brauchen wenig, mittlere etwas mehr und große Projekte sehr viel Projektmanagement. So einfach ist die Welt leider nicht. Wann ist überhaupt ein Projekt groß oder klein? Ist ein Projekt groß, wenn es zehn Beteiligte hat oder fünfzig, wenn es ein Jahr dauert oder vier, wenn fünf verschiedene Software-

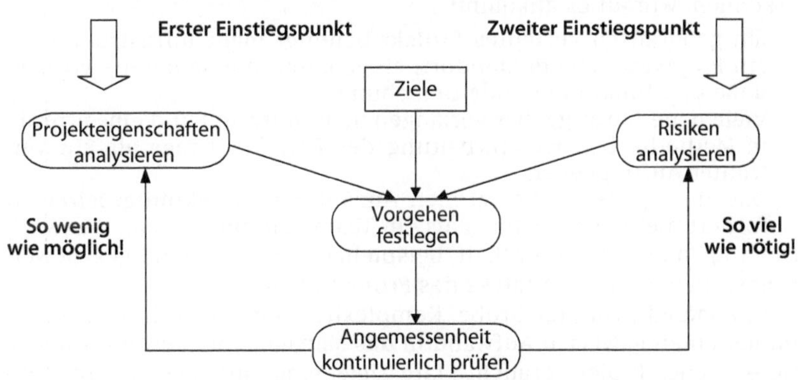

systeme zu entwickeln sind oder wenn alle diese Dinge gleichzeitig zutreffen? Und was machen Sie mit kleinen, aber komplexen und mit großen, aber technisch sehr einfachen Projekten? Diese Fragen zeigen deutlich, dass Sie sich im ersten Schritt zunächst über die Indikatoren klar werden müssen, die es Ihnen ermöglichen, Ihr Projekt objektiv zu bewerten.

Analysieren Sie Ihr Projekt hinsichtlich [Ger03]:

- des Projektinhalts,
- der verwendeten Technologien,
- des angewandten Prozesses,
- der Laufzeit des Projekts,
- der Art seiner Organisation und
- seines Projektumfeldes.

Diese sechs Projekteigenschaften haben sich in der Praxis bewährt. Jede dieser Projekteigenschaften können Sie nochmals anhand mehrerer Bewertungskriterien verfeinern. Damit das Ganze handhabbar bleibt, sollten Sie maximal mit einer vierstufigen (wie in der Tabelle zu sehen), besser nur mit einer dreistufigen Skala je Bewertungskriterium arbeiten. Nehmen Sie die Bewertungskriterien in die Sammlung Ihrer Best Practices auf, damit nicht jedes Projekt sie neu erfindet. So erhalten Sie nach und nach ein sicheres Gefühl dafür, wann Sie ein Kriterium eher als klein, mittel, stark oder extrem ausgeprägt einstufen. Sie können diese sechs Projekteigenschaften zusätzlich noch gewichten. Sie erhalten damit ein sehr leistungsfähiges, aber nicht ganz triviales Bewertungsschema für die Charakterisierung eines Projekts. Achtung jedoch: Aufwand und Nutzen sollten im richtigen Verhältnis zueinander stehen. Sie können an den folgenden Beispielen sehr gut erkennen, worauf es ankommt:

- Ein geografisch verteiltes Projekt benötigt mehr Infrastruktur als ein Projekt an einem Standort, eingebettet in eine bereits vorhandene und funktionierende Umgebung.
- Viele neue Auftraggeber verlangen mehr Aufwand und eine erprobte Methodik bei der Erarbeitung des Projektauftrags als ein vertrauter Auftraggeber.
- Das Management einer großen Anzahl von Projektmitarbeiter erfordert mehr Formalismus als ein Team von fünf Personen usw.

Die folgende Tabelle enthält beispielhaft ein vollständiges Bewertungsschema für die Analyse des Projektinhalts.

Unabhängig von der Größe, Komplexität oder Laufzeit müssen Sie immer einen gewissen Aufwand in das Managen Ihres Projekts investieren. Jedes Projekt braucht klare Ziele, eine minimale Planung und

Kriterium	Ausprägung			
	Wenig	**Mittel**	**Stark**	**Extrem**
Eindeutigkeit der Projektziele	klar	in allen wesentlichen Punkten klar (ein Ziel)	noch nicht formuliert (es gibt Haupt- und Nebenziele)	völlig offen (viele, z. T. verdeckte Ziele oder sich widersprechende Ziele)
Komplexität der Aufgabe	gering	mittel	hoch	extrem hoch
Umfang der Aufgabe	bis zu 300 PT	300 bis 600 PT	600 bis 2000 PT	mehr als 2000 PT
Bekanntheitsgrad	Kunde und Aufgabentyp vertraut	neuer Kunde, aber bekannte Branche und bekannter Aufgabentyp	neuer Aufgabentyp, bekannter Kunde	in jeder Hinsicht völlig neue Aufgabe

Überwachung, einen bestimmten Grad an Steuerung, Organisation und Führung sowie Informationsaustausch. Insofern sind in jedem Projekt die eingangs vorgestellten Managementaufgaben immer alle vertreten. Die Bandbreite des möglichen Vorgehens ist jedoch groß:

- Ziele können kurz mündlich mitgeteilt oder durch ein vielseitiges, international abgestimmtes Zieldokument kommuniziert werden.
- Für die Planung reicht die Bandbreite beispielsweise von der Wandtafel, die nicht gelöscht werden darf und die für alle sichtbar immer wieder aktualisiert wird, bis hin zum Einsatz komplexer Projektplanungstools.
- Für die Überwachung spannt sich der Bogen vom einfachen Gespräch in der Kaffeepause über Meetings mit vorbereiteten Statusangaben und schriftlichen Ergebnisprotokollen bis hin zu formalen monatlichen oder wöchentlichen Statusberichten.

Der Umfang und die konkrete Ausprägung des Vorgehens sollten sich an den Projekterfordernissen orientieren. Projekte sind per Definition einmalig. Je Projekt ist ein anderer Aufwand angemessen und gegebenenfalls eine andere Art und Weise des Vorgehens optimal. Für jede Managementaufgabe kann Ihre Analyse zu einem anderen Ergebnis führen. Hier liegt die Herausforderung für agile Manager. Sie stellen z. B. fest, dass Sie viel Zeit für die Zielanalyse brauchen werden, jedoch dann im Projektverlauf wenig Planungs- und Überwachungsaufwand erforderlich ist, dafür aber wieder viel Informationsmanagement aufgrund der komplexen Stakeholdersituation usw. Treffen Sie daher Ihre Entscheidung nicht generell, sondern jeweils konkret bezogen auf eine Managementaufgabe und abgestimmt auf den Projektverlauf.

Einige Bewertungskriterien überlagern sich. Nicht jedes Kriterium und jedes Risiko hat jedoch Einfluss auf jede Managementaufgabe. Demzufolge ist die richtige Auswahl des Vorgehens keine triviale Angelegenheit. Eine gute Portion Fingerspitzengefühl für das, was gebraucht wird, und Ihre Erfahrungen aus vorangegangenen Projekten helfen Ihnen mehr als alle formalen Entscheidungsmodelle.

Je besser es Ihnen gelingt, sich auf die spezifischen Bedürfnisse Ihres Projekts einzustellen, desto höher liegen Ihre Erfolgschancen. Dies schließt auch ein, ausgewählte Vorgehensweisen kontinuierlich zu überprüfen und anzupassen. Beginnen Sie bewusst mit schmalen Lösungen und etablieren Sie von Anfang an einen regelmäßigen Lernprozess. Anpassungen im Projekt müssen schnell und effektiv erfolgen, sonst sind sie wirkungslos. Achten Sie darauf, dass diese wenigen Regeln konsequent eingehalten werden. Agiles Management braucht Disziplin. Ein gutes Beispiel dafür ist das tägliche Stand Up Meeting von Scrum.

Beispiel 1: Kurzes Projekt (3 Monate) mit wenigen Beteiligten (4 Personen) an einem Standort.

Dazu passendes Projektmanagement:

- kurze, schnelle Zielfindung in einem Workshop, Dokumentation am Flipchart
- einfache, unkomplizierte Planung (nur eine Planungsebene, Dokumentation am Whiteboard)
- Aufgabenzuweisung, Statuserfassung und Risikosteuerung im täglichen Meeting (Flipchart, ggf. Aktionsliste)
- Fortschrittskontrolle über Reviews/Tests der lauffähigen Software
- auf vorhandene, einfache Tools zurückgreifen, keine spezifischen Verfahren entwickeln (Wordvorlagen, Exceltabellen, ggf. sogar nur Wandtafel ausreichend)

Beispiel 2: Langes Projekt (16 Monate) mit vielen Beteiligten (30 Personen) an verteilten Standorten.

Dazu passendes Projektmanagement:

- fundierte Projektvorbereitung vorsehen (mehrere Workshops, schriftliche Abstimmung, gute Motivation und ausführliche Dokumentation)
- mehrstufige, iterative Planung (Planungsverfahren regeln, Planungshilfen bereitstellen)
- mehrere Teilprojekte erforderlich
- flexible Organisation anstreben (Rahmen mit selbständig agierenden Teams)
- formalisiertes Berichtswesen definieren und etablieren
- spezifische Managementverfahren und Tools für das Projekt bereitstellen usw.

Die Aufzähltung ist nur exemplarisch und deckt nicht das gesamte Aufgabenspektrum ab.

Die Feinjustierung anhand der Risiken

Der Erfolg Ihres Projekts hängt davon ab, dass bestimmte Dinge nicht zum Problem werden, also bestimmte Risiken nicht eintreten. Sie brauchen demzufolge ein entsprechend robustes Projektmanagement, welches Ihnen rechtzeitig Gefahren signalisiert und gleichzeitig über wirkungsvolle Abwehrmechanismen verfügt. Aus den Projekteigenschaften leiten Sie die Charakteristik des Projekts und damit den „Grundtyp“ Ihres Vorgehens ab. Anhand der Risiken verifizieren Sie die ausgewählten Managementverfahren und nehmen die Feinjustierung vor. In Summe sollten Sie so viel Aufwand in Ihr Management investieren, dass Sie trotz aller Risiken Ihr Projekt zielsicher zum Erfolg führen können. Finden Sie also heraus, welches Risikopotenzial Ihr Projekt hat und leiten Sie daraus notwendige Anpassungen Ihres Managements ab.

Fazit

Agiles Projektmanagement steht für die konsequente Konzentration auf das Notwendige, nicht für die Nutzung des Möglichen. Dies sollte Ihr Ziel bei der Auswahl Ihrer Managementverfahren sein. Versuchen Sie, ein angemessenes Management zu etablieren. Überlegen Sie sich sehr genau was Sie für die Planung, Steuerung, Organisation usw. Ihres Projekts wirklich benötigen, welches Vorgehen und welcher Aufwand für Ihre Projektaufgabe angemessen sind.

Ihre Managementverfahren müssen die Ziele unterstützen und dürfen Ihr Team nicht behindern. Lassen Sie genügend Freiräume für die Kreativität des Einzelnen und der Mannschaft. Behalten Sie das Ganze im Auge, reagieren Sie aber im Detail unkonventionell und flexibel.

Sie versetzen sich und Ihr Team damit in die Lage, auf jede neue Situation schnell und angemessen reagieren zu können. Genau das ist es, was erfolgreiche Manager so erfolgreich macht! Salopp ausgedrückt: Erlaubt ist alles, was den Erfolg des Projekts fördert und seine Risikopotenziale senkt.

Einige Empfehlungen zum Schluss:

- Fordern Sie klare Ziele.
- Planen Sie in Etappen und nicht zu detailliert.
- Sorgen Sie für viele kleine Erfolgserlebnisse.
- Nehmen Sie Risiken ernst.
- Etablieren Sie ein kontinuierliches Risikomanagement als Basis für die Projektsteuerung.
- Managen Sie bewusst die Veränderung.
- Achten Sie auf Qualität.
- Gehen Sie weg von starren Projektstrukturen.
- Wenden Sie viel Zeit für die Kultur im Projekt auf.
- Überlegen Sie genau, wer, wann, welche Informationen benötigt.

Agile Organisation

Wir haben bislang in diesem Buch viel über agile Verfahren in Entwicklungsprojekten berichtet. Eine grundlegende Eigenschaft agiler Verfahren war dabei immer eine direkte Kommunikation zwischen Auftraggeber und Entwickler über den gesamten Projektverlauf.

Ausschlaggebend für ein agiles Miteinander von Auftraggeber und Auftragnehmer im Projekt ist auch eine Form der Zusammenarbeit, die eher den Charakter einer dauerhaften Kooperation hat als die Eigenschaft, nur auf ein Projekt beschränkt zu sein. Im Falle einer dauerhaften Kooperation können nämlich beide beteiligten Parteien ihre eigenen Prozesse und auch ihre eigene Organisation auf ein agiles Zusammenarbeiten zielführender und vor allem nachhaltiger ausrichten.

Deswegen können wir den Agilitätsbegriff hier auch an langfristigen Zielen ausrichten und damit noch einmal anders als in einem eher kurzfristig geprägten Projektumfeld betrachten: Wie kann ein IT-Dienstleister sich in einem Marktumfeld aufstellen, das von „Moving Targets“ geprägt ist? Diese Betrachtung ist unabhängig davon, ob es sich um ein Softwareentwicklungshaus oder ein Beratungsunternehmen handelt und ob es sich um einen internen Dienstleister, d.h. beispielsweise eine Entwicklungsabteilung, oder um einen externen Dienstleister handelt.

Für alle gilt, dass sich eine Anforderung an ein Produkt oder ein Projekt oft schneller verändert, als seine liefernden Ressourcen (Personal, Softwarekomponenten etc.) auf diese Anforderungen einjustiert werden können. Um seine Organisation auf diesen dynamischen Markt auszurichten, kann man einige wesentliche Kernprozesse herausstellen, die wesentlichen Einfluss auf die Agilität eines Unternehmens haben. Diese Kernprozesse werden wir in diesem Kapitel in Form eines Referenzmodells vorstellen.

Bevor wir dieses Referenzmodell erklären, stellen wir Ihnen zunächst zwei Prinzipien der agilen Organisation vor, da diese quasi als agiler Maßstab an eine Organisation und ihre Prozesse verwendet werden können.

Das Markt-Prinzip

In den meisten Organisationen wird heute Kreativität und eigenständige Verantwortung jedes Einzelnen im Keim erstickt. Es gibt ausgefeilte Planungs- und Controllingmechanismen, die seitenlange Berichte über verschiedene Hierarchieebenen fordern. Als agile Alternative zu den üblichen hierarchischen und berichtsorientierten Strukturen wollen wir hier eine Organisation vorstellen, in der Projektleiter, mittlere und untere Führungskräfte sowie alle Mitarbeiter nicht als berichtende Arbeitnehmer, sondern im Selbstverständnis eines selbständigen Unternehmers im (unternehmensinternen) Markt agieren können und sollen.

Ein deutlicher Maßstab für marktorientierte Organisationselemente ist immer die Antwort auf die Frage, ob man einem selbststeuernden System nahe kommt. Eine solche Selbststeuerung ist die Stärke von Marktmechanismen als überlegene Alternative zu puren Planungsmechanismen, die wesentlich mehr Steuerungs- und Controllingaufwendungen verursachen und die Konzentration auf das Wesentliche erschweren.

Gerade der IT-Dienstleistungsbereich ist prädestiniert für ein solches marktgetriebenes Organisationsmodell. In dieser Branche wird der größte Anteil des Wertes aus der intellektuellen Leistung des Einzelnen geschöpft.

Der durch Marktmechanismen entstehende Wettbewerb sollte aber nicht zu einem Gegeneinander der einzelnen „Unternehmer" führen. Die bewusste Konzentration auf die eigene Kernkompetenz und die Bündelung solcher Kernkompetenzen zu komplexen Gesamtgebilden können die Kräfte gemeinsam nach außen in den Markt wirken lassen und damit nicht gegen die Unternehmer-Kollegen im eigenen Netzwerk.

Das Prinzip: Netzwerk statt Hierarchie

Und damit sind wir schon bei unserem zweiten Grundprinzip, der Idee des Netzwerks. Die Implementierung möglichst vieler Auftraggeber-/Auftragnehmer-Schnittstellen bedeutet gleichzeitig die Implementierung vieler Unternehmer. Wenn diese Unternehmer sich bewusst in einer Wertschöpfungskette spezialisieren, sich auf der anderen Seite aber auch auf die Qualitäten der anderen Unternehmen im gemeinsamen Netzwerk verlassen und so durch die dynamische Kombination der Kompetenzen des Netzwerks eine echte Alternative zu dem geplanten Rundum-Versorgungsansatz von Großdienstleistern bilden, dann ist diese Alternative eben auch die agile Alternative, denn überall in dem Geflecht gibt es direkte Kommunikation und damit „kurze Drähte“ zwischen den beteiligten Dienstleistern. Das Netzwerk ist flexibler und damit erfolgreicher im sich schnell verändernden Markt.

Das Referenzmodell für agile Organisation

Ein solches marktgetriebenes und netzwerkartiges Selbstverständnis muss aber in Form dazu passender Prozesse in eine konkrete Organisation umgesetzt werden. Eine Definition von Prozessen, die wesentlich für die Umsetzung einer agilen Organisation in unserem Verständnis sind, haben wir in Form eines Referenzmodells zusammengefasst. Dieses Referenzmodell kann man quasi als Checkliste für sein eigenes organisatorisches Umfeld nutzen, wenn man sich auf den Weg in die Agilität machen möchte.

Die Erfahrung aus der praktischen Anwendung von agilem Vorgehen zeigt, dass für ein agiles Verhalten nur verhältnismäßig wenige Prozesse wirklich relevant sind. Diese Prozesse lassen sich in vier Gruppen zusammenfassen.

Prozessgruppe 1: Strategie – Diese Gruppe ist diejenige, welche das Unternehmen wesentlich prägt, weil hier die inhaltliche Zielgebung und Zielverfolgung geschieht. Die relevanten Prozesse in dieser Gruppe sind die strategische Planung und die Visionsverbreitung (Dissemination).

Prozessgruppe 2: Beziehungsmanagement – Hier handelt es sich um das Kernstück agiler Prozesse. Denn in diesem Bereich werden die Beziehungen des Unternehmens zu den Kunden, den Partnern, den Lieferanten und den Mitarbeitern justiert. Und dieses Beziehungsgeflecht soll ja in Richtung marktorientiertes Netzwerk ausgerichtet werden.

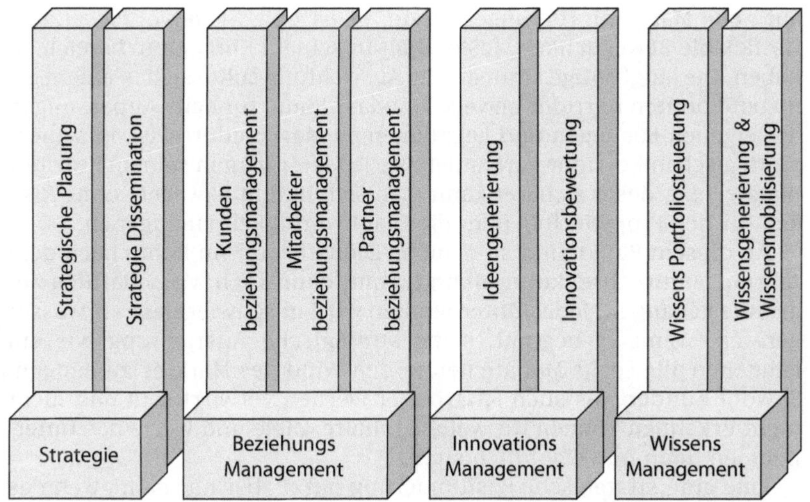

Prozessgruppe 3: Innovationsmanagement – In die Gruppe des Innovationsmanagements fallen alle Prozesse, die mit der Entwicklung, Bewertung und Einführung von Innovationen zu tun haben. Dabei kann es sich um technische oder um organisatorische Innovationen handeln. Darunter fällt die Entwicklung neuer Produkte und Verbesserungen an eigenen Prozessen.

Prozessgruppe 4: Wissensmanagement – Das Wissensmanagement ist für einen IT-Dienstleister existenziell wichtig, da für ihn das Wissen der einflussreichste Produktionsfaktor ist. Daher hat das Wissensmanagement auch Schnittstellen zu allen anderen Prozessgruppen.

Strategie

Die eigentliche Strategieentwicklung geschieht in der **strategischen Planung.** Sie ist eine langfristige Führungsaufgabe des Unternehmers, da es zum einen den erfolgreichen Unternehmer ausmacht, dass er das Gespür für die technische Entwicklung und die Entwicklung des Marktes besitzt, und zum anderen eine langfristige Aufgabe ist, da Kunden und Mitarbeiter ein klares und stabiles Bild vom Unternehmen und seiner Leistungsfähigkeit brauchen.

Ist diese langfristige Ausrichtung der Strategiebildung nicht ein Widerspruch zur Agilität mit dem Anspruch einer flexiblen Ausrichtung auf neue Marktanforderungen? Nein, es ist eine Grundvoraussetzung für flexible Beweglichkeit, festen Halt in seinem Kompetenzbereich zu haben. Die langfristige strategische Ausrichtung sollte sich in einem genügend breiten Korridor bewegen, sodass Raum für agile Anpassungen der eigenen Lösungen und Leistungen an Marktbedürfnisse in seinem strategischen Korridor vorhanden ist. Je klarer man in seinem Korridor platziert ist, desto sicherer kann man sich in ihm bewegen, ohne Risiken für den Projekterfolg oder die Glaubwürdigkeit einzugehen.

An diesem Punkt sind so manche Dienstleister im Boom nach dem Jahrtausendwechsel kulturell und damit dann auch wirtschaftlich zugrunde gegangen. Jedes Unternehmen wird in schwieriges Fahrwasser geraten, wenn es beginnt, seine strategische Ausrichtung wie ein Fähnchen alle sechs Monate neu in den Wind des Marktes zu hängen. Sowohl Kunden, als auch Mitarbeiter werden verwirrt sein und nicht mehr erkennen können für welche Inhalte, Ziele und Werte das Unternehmen denn nun eigentlich steht.

Eine gute strategische Positionierung nutzt aber nur dann, wenn es gelingt, diese Strategie auch in das Bewusstsein der Mitarbeiter als Repräsentanten eines Dienstleisters zu säen. Diesen Teilprozess nennen wir **Dissemination.** Je größer das Unternehmen ist, desto schwieriger ist die Aufgabe der Dissemination. Eine erfolgreiche Dissemination hängt von verschiedenen Faktoren ab. Es ist auf jeden Fall zu beobachten, dass sie in solchen Unternehmen gelingt, in denen es eine zur Strategie passende Unternehmenskultur gibt. Dissemination ist auch ein typisches Beispiel, wo Hierarchie und Anordnungen an ihre Grenzen stoßen. In unserem Fall des agilen IT-Dienstleisters muss die Kultur auf jeden Fall durch offene Kommunikation, durch Vertrauen in die Kompetenzen aller Beteiligten und durch eigenständige Übernahme von Verantwortung geprägt sein. Eine schlüssige Strategie wird die selbständigen „Unternehmer“ in den eigenen Reihen schnell überzeugen, eine unschlüssige oder falsche Strategie wird in dieser Kultur schnell in der offenen Diskussion infrage gestellt und verbessert.

Beziehungsmanagement

Das Beziehungsmanagement stellt das Kernstück agiler Prozesse dar. Denn in diesem Bereich werden die Beziehungen des Unternehmens zu den Kunden, den Partnern im Sinne von Lieferanten von Komponenten für gemeinsame Produkte oder Lösungen und zu den Mitarbeitern justiert. Dieses Beziehungsgeflecht soll im Sinne unserer Agilität in Richtung eines marktorientierten Netzwerks ausgerichtet werden.

Wir wollen hier vor allem die Aspekte des **Kundenbeziehungsmanagements** näher betrachten, die in direktem Zusammenhang mit der Agilität stehen. Ziel einer agilen Kundenbeziehung ist es, neue Bedürfnisse der Kunden sehr schnell zu erkennen, um dann auch schnell darauf reagieren zu können. Darüber hinaus ist es wichtig, die internen Dienstleister des Kunden als Teil unseres Dienstleistungsnetzwerkes zu verstehen und die gemeinsamen Aufgaben wieder als vernetzte Dienstleistung von internen und externen Komponenten und Mitarbeitern zu betrachten. So ist es z.B. in Softwareentwicklungsprojekten eine notwendige interne Dienstleistung, die fachlichen Anforderungen zu spezifizieren und den Fachtest durchzuführen, da in diesen Bereichen das Wissen über die Fachprozesse mit Abstand am wichtigsten ist und nur so die Rolle des Auftraggebers für eine Softwareentwicklung wirklich wahrgenommen werden kann.

Ebenso ist ein Kennzeichen des agilen Kundenbeziehungsmanagements, ein so vertrauensvolles Verhältnis zu seinem Kunden aufgebaut zu haben, dass der Kunde von sich aus neue oder veränderte Bedürfnisse an seinen Dienstleister artikuliert, weil er weiß, dass er damit bei dem Dienstleister gut aufgehoben ist. Auf diese Weise entsteht ein selbststeuerndes System bezüglich der Ermittlung von Kundenbedürfnissen. Somit kann der Aufwand für ein ständiges Validieren der Kundenbedürfnisse wesentlich reduziert werden. Neben der dauerhaften Kundenbindung ist ein solches Vertrauensverhältnis Voraussetzung, um sich gemeinsam in neue Aufgabengebiete hineinzubewegen, ohne sich gegenseitig die Risiken in die Schuhe zu schieben, was wiederum sowohl Auftraggeber und Auftragnehmer frei macht für eine inhaltliche Diskussion und die daraus resultierende Agilität fördert.

Die zentrale Frage des **Mitarbeiterbeziehungsmanagements** ist, welches Verhältnis ein Unternehmer zu seinen Mitarbeitern hat. Im Sinne der Agilität ist dabei vor allem wichtig, ob es gelingt, dass möglichst viele Mitarbeiter sich zum Unternehmer im Unternehmen entwickeln und damit ein internes Dienstleistungsnetzwerk entsteht, das viele selbststeuernde Komponenten bekommt und möglichst wenig Detailplanung und hierarchisches Controlling braucht.

Zu diesem Zweck müssen neben den fachlichen vor allem „weiche Kompetenzen" aufgebaut werden. Hierzu wird im Kapitel „Wege in die Agilität" (siehe Seite 101) Näheres über persönliche Reifegrade gesagt.

Der Teilprozess des **Partnerbeziehungsmanagements** ist der schwierigste und gleichzeitig der für einen Erfolg der agilen Organisation entscheidendste. Durch die Mechanismen des Partnerbeziehungsmanagements muss man es schaffen, dass eigenständige Unternehmer sich zu einem partnerschaftlichen Netzwerk zusammenfinden. Der kritische Erfolgsfaktor des agilen Dienstleistungsnetzwerks ist, die beteiligten Unternehmen miteinander vertrauensvoll kooperieren zu lassen und auf diese Weise gemeinsam an Schlagkraft zu gewinnen, auch wenn ihre Produkte, Lösungen und Leistungen in manchen Bereichen im Wettbewerb miteinander stehen.

Innovationsmanagement

Ziel der Innovationsprozesse ist es, Innovationen hervorbringen und auch umsetzen zu können. Dabei haben wir immer mit denselben Teilprozessen zu tun:

Im Teilprozess der Ideengenerierung sollen möglichst viele und gute Innovationen hervorgebracht werden. Ideen planmäßig erzeugen zu wollen, klingt jedoch fast nach der Quadratur des Kreises. Trotzdem ist es ein vitales Interesse agiler Unternehmen, eine andauernde und starke Innovationskraft zu erhalten. Auf jeden Fall ist der Erfolg in der Ideenerzeugung hochgradig abhängig von einem Innovationsklima in der Mannschaft. Ein solches Klima kommt immer dann auf, wenn es belohnt wird und wenn neue Dinge probiert werden, auch wenn ein Versuch nicht zu einem Erfolg geführt hat. Das Innovationsklima hat also auch immer mit der Fehlerkultur zu tun.

Im Teilprozess der **Innovationsbewertung** müssen die im Unternehmen entstehenden Innovationen daraufhin bewertet werden, welche dieser Innovationen weiterentwickelt werden sollen. Dies geschieht nach mehreren Kriterien. Der erste Schritt der Bewertung einer Innovationstechnologie umfasst die technologische und wirtschaftliche Dimension dieser Technologie.

In der zweiten Phase der Innovationsbewertung werden die Verwendungsideen für diese Innovation im Verhältnis zu der bislang erarbeiteten Technologiebewertung aufgezeichnet. Hieraus ergibt sich das Potenzial für das Unternehmen. Je nach Position in dem Potenzialportfolio sind unterschiedliche Maßnahmen zu treffen, die von der gezielten Investition in die Umsetzung der Innovation bis hin zu einem Verwerfen der Innovationsidee reichen.

Ein weiteres Verfahren ist die Analyse der Abhängigkeiten von Innovationen untereinander und des Einflusses von organisatorischen und infrastrukturellen Außenfaktoren. Dabei gibt es positive Einflüsse (Innovationsmotoren) und negative Einflüsse (Innovationsbremsen).

Wissensmanagement

Die Prozesse des Wissensmanagements sind in einem IT-Dienstleistungsunternehmen von zentraler Bedeutung, da das Wissen (und Können) der beteiligten Menschen die wichtigste Ressource zur Wertschöpfung ist. Die Teilprozesse, die zu diesem Bereich gehören, sind Wissensportfoliosteuerung, Wissensgenerierung und Wissensmobilisierung

In der **Wissensportfoliosteuerung** ist der direkte Zusammenhang zu Produktinnovationen erkennbar. Dienstleistungsprodukte setzen immer bestimmte Know-how-Profile der beteiligten Menschen voraus.

Es gibt zwei zentrale Fragen bei der Wissensportfoliosteuerung. Die erste Frage heißt: „Welches Wissen ist für mein Produktportfolio von zentraler Bedeutung?" Dies ist die Frage nach der eigenen Kernkompetenz. Für ein Produkt kann oft Wissen notwendig sein, das bewusst nicht als eigene Kernkompetenz aufgebaut wird, sondern von Partnern im Dienstleistungsnetzwerk eingeholt wird.

Die zweite zentrale Frage ist, ob nach schneller Produkt- oder Leistungsdefinition auch in den erkannten Kernkompetenzen noch Lücken klaffen, die erst mittelfristig durch Wissensgenerierung oder Wissensmobilisierung gefüllt werden können. In diesem Fall sollte es aber trotzdem keinen Verzug geben, das Produkt am Markt anzubieten. Es ist deshalb notwendig, das notwendige Wissen im Netzwerk kurzfristig zu suchen und einzubinden, um leistungsbereit zu sein. Im Gegensatz zum ersten Fall dient der Einsatz von Partnern hier aber nur einer Überbrückung, bis man die Lücken innerhalb der Kernkompetenz gefüllt hat und selbst bereitstellen kann.

Wir haben bei der Wissensportfoliosteuerung gelernt, dass sich das Wissen im Unternehmen umso schneller verändern muss, je schneller das eigene Produktportfolio an Marktbedürfnisse angepasst wird. Das ist die eigentliche Herausforderung an die Wissensgenerierung und Wissensmobilisierung oder kurz das Skillmanagement, das wir im Kapitel „Wege in die Agilität" (Seite 101) näher beschreiben werden.

Agile Methoden im Überblick

Seit der Jahrtausendwende entstanden viele Entwicklungsansätze, die die agilen Prinzipien mehr oder weniger stark in den Mittelpunkt stellen. Viele der Schöpfer dieser Methoden waren es auch, die sich im Februar 2002 in Utah trafen, um das agile Manifest zu formulieren. In den folgenden Kapiteln finden Sie die wichtigsten Vertreter dieser neuen Methoden. Sie decken ein weites Feld ab: Crystal und ASD sind eher Entwicklungsphilosophien, die die Maximen der Agilität extensiv anhand vieler praktischer Aspekte diskutieren. Die darauf folgenden Methoden Scrum und ARTE sind zwei Beispiele für ganz konkrete Aufgabenstellungen: für das Projektmanagement und für technische Systeme. Den Abschluss der Methodenbeispiele bilden die extremen Flügel: der Rational Unified Process (RUP), der oft als zu groß und zu mächtig eingestuft wird, und eXtreme Programming, die „kleinste" Methode, die durch ihre extreme Konzentration auf das Endprodukt (Source Code) manchmal als zu puristisch angesehen wird. Andere Methoden wie Lean Development, DSSD oder das *Feature-based Programming* [Richter03] sind ebenfalls interessant, aber der Kürze dieses Kompakt-Buch-Formates zum Opfer gefallen. Einen guten Überblick finden Sie in [Highsmith02] oder unter www.b-agile.de.

Die Crystal Methodenfamilie

Alistair Cockburn (ausgesprochen auf die schottische Art als: Coburn) ist Mitgründer der Agile Alliance. Er stellt bei den Crystal-Methoden die Menschen in den absoluten Mittelpunkt. Das Team, gute Zusammenarbeit, vertrauensvolle Kommunikation, die Gemeinschaft, Talente und Fähigkeiten aller Beteiligten sind der Schlüssel zum Projekterfolg. Der Prozess ist wichtig, aber zweitrangig.

Prüfen Sie Ihre Einstellung zu den Prioritäten von Cockburn. Was würden Sie mit einem Team machen, das Monat für Monat hervorragende Projektergebnisse liefert, sich aber (mehr oder weniger offen) weigert, das Standardvorgehensmodell der Firma einzuhalten? Wenn bei Ihnen der Prozess vor den Menschen kommt, müssten Sie so ein Team konsequenterweise entlassen. Wenn Sie aber Menschen in den Mittelpunkt stellen, dann würden Sie einen Weg finden, den Prozess für die Menschen akzeptabel zu machen.

Was bedeutet diese Prioritätensetzung für Entwicklungsmethoden, die sich normalerweise um Prozesse in Form von Aktivitäten, Ergebnissen und Rollen drehen? Cockburns Maxime lautet: „Softwareentwicklung ist ein kooperatives Spiel, ein Erfindungsspiel und ein Kooperationsspiel (mit beschränkten Ressourcen), ein Spiel zwischen Menschen." Das Hauptziel dieses Spiels ist es, sinnvolle, lauffähige Software zu produzieren. Das zweite Ziel, sozusagen das Überbleibsel des Spiels, ist es, für das nächste Projekt (meist für die Erweiterung des Systems oder das Schaffen von Nachbarsystemen) richtig vorbereitet zu sein. In anderen Worten sagt das Hauptziel: Alle Zwischenergebnisse ohne Endergebnis nützen uns in diesem Spiel nichts. Aber das Nebenziel sagt implizit: Zwischenergebnisse wie Analyse- oder Designdokumente können durchaus einen wichtigen Stellenwert erlangen, wenn sie als Voraussetzung für das nächste Spiel oder zur Erleichterung des nächsten Spiels gebraucht werden.

Leichte und schwere Methoden

Als Grundlage für die Crystal-Methoden hat sich Cockburn generell mit Methodenentwurf auseinandergesetzt. Er stellte fest, dass jede Methode 13 Kernelemente hat, unabhängig davon, ob es sich um eine Methode für die Urlaubsplanung, die Wettervorhersage oder die Softwareentwicklung handelt: Prozesse, vorgegebene Meilensteine, Qualität, Aktivitäten, Produkte, Techniken, Standards, Werkzeuge, Rollen, Teams, Fähigkeiten, Persönlichkeit und Teamwerte.

Wann ist eine Methode leicht und wann ist sie schwer? Das Gewicht bestimmt sich aus der Anzahl der Alternativen pro Kernelement und dem Grad an Zeremonie, mit welcher die Anwendung der Elemente gefordert oder durchgeführt wird. Beispielsweise ist eine Methode mit vier vorgeschriebenen Phasen (wie z.B. Inception, Elaboration, Construction und Transition beim RUP) mit je 7 bis 10 Aktivitäten, die strikt durchzuführen sind, schwerer als eine Methode ohne Phasenkonzept (wie XP) mit Empfehlungen für insgesamt 10 Praktiken, die aber nur bei Bedarf angewandt werden.

Cockburn beobachtete, dass traditionelle Methoden von diesen Kernelementen meist zu 90 Prozent oder mehr über Aktivitäten, Produkte und Rollen zur Gestaltung von Prozessen sprechen und dass die menschliche Seite der Entwicklung, das Team mit seinen Werten und Fähigkeiten, meist zu kurz kommt. Er fordert eine Verschiebung der Gewichte bei den Methoden, zumindest in Richtung auf 70:30 Prozent zugunsten der menschlichen Faktoren.

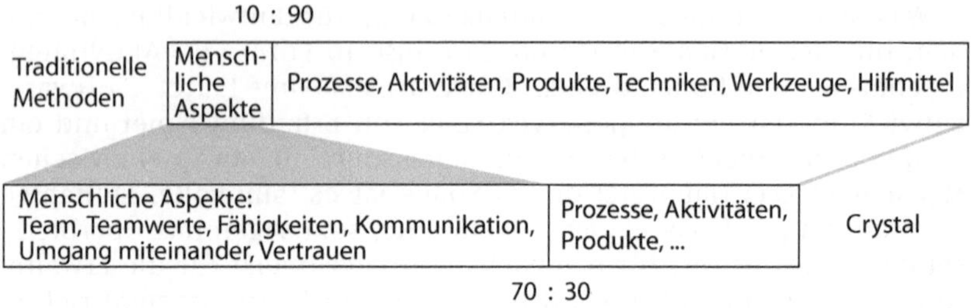

10 : 90

Traditionelle Methoden	Menschliche Aspekte	Prozesse, Aktivitäten, Produkte, Techniken, Werkzeuge, Hilfmittel

Menschliche Aspekte: Team, Teamwerte, Fähigkeiten, Kommunikation, Umgang miteinander, Vertrauen	Prozesse, Aktivitäten, Produkte, ...	Crystal

70 : 30

Gerade eben ausreichend

Auch ein Team, das sich gut versteht und über alle Probleme offen miteinander spricht, braucht einen Prozess. Aber es sollte ein „gerade eben ausreichender" Prozess sein – so wenig Rollen wie möglich und möglichst wenig definierte Aktivitäten und Ergebnisse. Je besser die Kommunikation untereinander funktioniert und je öfter und schneller das Hauptziel (laufende Software) in Projekten erreicht wird, desto mehr kann man die Anzahl und Formalität von Zwischenergebnissen (d.h. anderen Dokumenten) reduzieren. Zwischenergebnisse wie Anforderungsdokumente, Spezifikationen, Modelle etc. sind kein Selbstzweck, sondern sind während des Spiels nur dazu da, auf optimale Art mit den anderen Beteiligten zu kommunizieren (und werden evtl. für das Nebenziel „richtige Aufstellung für das nächste Spiel" benötigt).

Cockburn geht von der Idee aus, dass es keine einzelne Methode geben kann, die für alle Menschen (unter allen Randbedingungen) gleich sein kann. Deshalb entwickelte er mit Crystal eine Methodenfamilie, aus der sich jedes Projekt eine geeignete Methode als Grundlage aussuchen kann. Die wesentlichen Aspekte, die die Auswahl bestimmen, sind:

- Die Projektgröße, gemessen in der Anzahl der an der Entwicklung beteiligten Personen.
- Die Kritikalität, d.h. die Höhe des Schadens, der bei Fehlern entstehen kann (die Skala beginnt mit „etwas weniger Zufriedenheit über die Ergebnisse", und geht über den „Verlust einer erträglichen Menge Geld", den „Verlust von sehr viel Geld" (z.B. bei Firmenbankrott) bis hin zum „Verlust von Menschenleben").
- Die Zielsetzung des Projekts (bessere Produktivität, schnellere Fertigstellung, Grundlagenforschung, Gesetzeserfüllung etc.).

Der Name der Methodenfamilie „Crystal" legt auch für zwei der Achsen eine Metapher nahe: Die Größe des Projekts wird mit der Farbe von

Kristallen verglichen, von klaren, durchsichtigen bis hin zu schwarzen Steinen. Die Kritikalität wird mit der Härte von Kristallen verglichen, von weichem Quarz bis zum härtesten Stein, dem Diamanten.

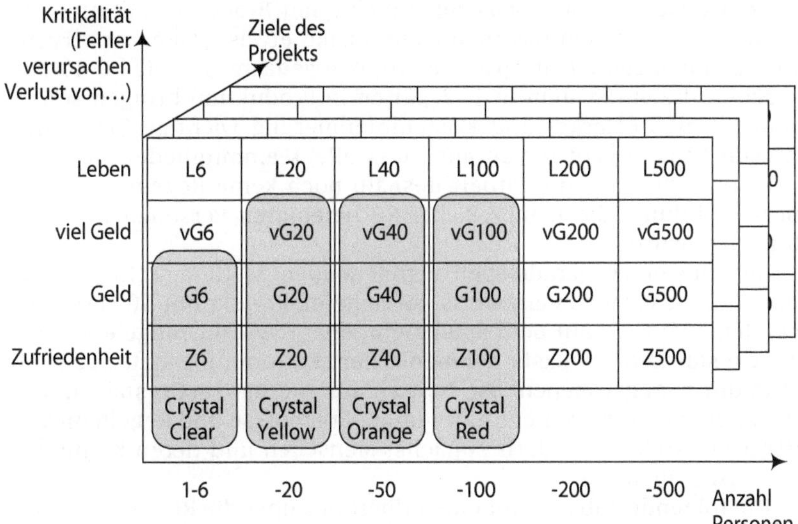

Die „Farbachse" hat sich in der Praxis besser bewährt, um eine passende Basismethode für ein Projekt auszuwählen. Deshalb wurden die Crystal-Methoden nach diesen Farben benannt (Crystal Clear, Crystal Yellow, Crystal Orange, ...). Die Anpassungen an die Kritikalität und die Ziele des Projekts sind leichter zu bewerkstelligen als die Anpassung an die Größe. Die bisher veröffentlichten Crystal-Methoden schließen sicherheitskritische Projekte aus, da in dieser Domäne noch keine Erfahrungen mit diesem kommunikations- und menschenbasierten Ansatz vorliegen.

Zwei beispielhafte Methoden

Je nachdem, wo Sie sich in diesem dreidimensionalen Raum wiederfinden, sollten Sie eine der Basismethoden auswählen und diese danach an Ihre Bedürfnisse anpassen. Cockburn hat bisher nur zwei Mitglieder der Methodenfamilie ausführlicher publiziert, Crystal

Clear und Crystal Orange (mit einer Variation Crystal Orange Web) [Cockburn02]. Crystal Clear ist für relativ unkritische Projekte mit ca. 6 Mitarbeitern gedacht (G6 in der vorherigen Abbildung). Mit einigen Anpassungen in den Bereichen Kommunikation und Testen lässt sich Crystal Clear auch als Basis für Projekte mit 8 oder 10 Mitarbeitern einsetzen, bei denen das finanzielle Risiko etwas größer ist. Crystal Orange hingegen ist für größere Projekte gedacht, für bis zu 40 Mitarbeiter, die ein System in 1--2 Jahren in Produktion bringen sollen, wobei Time-to-Market und Kostenminimierung wichtige Ziele sind. Crystal Orange geht davon aus, dass alle Teammitglieder an einem Standort arbeiten und enthält deshalb noch keine Regeln über Teilprojektbildung, die man z. B. bei 80 beteiligten Personen dringend brauchen würde.

Im Sinne einer „gerade eben ausreichenden" Methode schlägt Cockburn vor, dass Sie bei einem risikoreicheren Projekt mit 50 Personen, bei dem viel Geld auf dem Spiel steht, eher Crystal Orange erweitern als Crystal Red als Basis nehmen. Eher „Bottom-up-Hinzufügen" als „Top-down-Wegstreichen" ist typisch für die ganze Crystal-Familie, um zu betonen, dass nicht Aktivitäten, Ergebnisse und Regeln im Vordergrund stehen, sondern zunächst Menschen und deren Kommunikationsbedürfnisse.

Die folgende Tabelle gibt einen Überblick über die Rollen, Produkte und Vorschriften in diesen beiden Methoden.

	Crystal Clear	**Crystal Orange**
Rollen	Sponsor, Senior Designer/ Programmierer, Designer/ Programmierer, Anwender (zeitweise)	zusätzlich: Fachexperten, Architekt, User Interface Designer, Projektmanager, Tester, ...
Produkte	Release-Plan, Review-Plan, Einfache Use Cases, Design-Skizzen, laufender Code, Objektmodell, Benutzerhandbuch	zusätzlich: Requirements-Dokument, User-Interface-Dokument, Schnittstellenspezifikationen, Statusberichte, ...
Vorschriften	alle 2–3 Monate Auslieferungen, teilautomatisierte Tests, zwei Anwenderreviews pro Release, Methodenanpassungsworkshops	wie bei Crystal Clear, jedoch Auslieferung evtl. nur alle 3–4 Monate

Die bisher publizierten Ideen in Crystal Clear und Crystal Orange stammen nicht aus dem Elfenbeinturm, sondern sind Erfahrungswerte aus der Praxis, welche Rollen, Artefakte und Vorschriften bei Projekten mit einer bestimmten Größenordnung, Kritikalität und Projektzielen erfolgreich zum Ziel geführt haben. Beachten Sie z.B. bei den Rollen von Crystal Clear das Fehlen von Analytikern. Der Anwender und die Designer/Programmierer übernehmen bei so kleinen Projekten gemeinsam die Aufgabe, die Anforderungen klar zu formulieren. Einer aus dem zusammensitzenden Team übernimmt die Aufgabe der Projektkoordination. Eine formale Projektleiterrolle ist nicht vorgesehen. Sind das für Sie radikale Ideen? Sie haben sich aber bewährt! Denken Sie an den Grundsatz „gerade eben ausreichend". Bei bis zu 40 Personen von Crystal Orange hingegen sind Rollen wie Projektmanager oder spezialisierte Tester unumgänglich. Auch die Trennung zwischen Fachexperten, die das Geschäft verstehen, und Designern, die die Lösungen dafür erarbeiten, ist bei dieser Größenordnung Stand der Praxis.

Achten Sie auch auf die Unterschiede in den Produkten. Kleine Projekte brauchen kein Requirements-Dokument, nicht einmal Use Cases in voller, theoretischer Schönheit. Allerdings sollten Use Cases auch nicht ganz fehlen. Es reicht aber, die Anwendungsfälle zu finden und informell zu beschreiben. Ähnliches gilt für den Entwurf: Bei sechs Personen in nahe zusammenliegenden Büros kann man sich mit Architekturskizzen an der Wandtafel und Flipcharts behelfen. Bei Crystal Orange ist nicht nur ein Architekt explizit benannt, sondern Schnittstellenspezifikationen von Architekturkomponenten sind ein Muss.

Crystal Clear ist in seinen Ideen sehr ähnlich zu eXtreme Programming: einfach, leicht, wenig Zeremonien (siehe hierzu auch den Abschnitt „eXtreme Programming (XP)", Seite 84). Während XP jedoch ziemlich streng auf die Einhaltung der Grundprinzipien pocht, überlässt Crystal es den beteiligten Personen, das Spiel der Softwareentwicklung zu gestalten. Das Team hat bei Crystal mehr Freiheitsgrade und eine lockerere Arbeitsatmosphäre, allerdings mit dem etwas höheren Risiko, durch die Freiheitsgrade Produktivität einzubüßen.

Unabhängig von ihrem Umfang verlangt jede Crystal-Methode die Einhaltung von zwei Regeln. Die erste betrifft die iterative Entwicklung. Jedes Projektteam muss in Zyklen von weniger als 4 Monaten jeweils inkrementelle Ergebnisse liefern. Bei Crystal Clear sind die Zyklen vielleicht noch viel kürzer, aber nicht einmal bei Crystal Red,

Blue oder Violet gesteht Ihnen Cockburn mehr als 4 Monate zu, bevor Sie etwas Vorzeigbares mit Wert für das Geschäft liefern müssen. Die zweite Regel betrifft die Anpassung der gewählten Vorgehensweise. Jedes Team muss die Effizienz der gewählten Methode regelmäßig in Form von Workshops überprüfen und anpassen. Schon zur Halbzeit einer Iteration sollten Sie Ihr Team kurz befragen: „Werden wir das Ergebnis erreichen, so wie wir jetzt arbeiten?" Natürlich sollten Sie aus den Antworten dann Konsequenzen für die Vorgehensweise ableiten. Auf jeden Fall sollten Sie am Ende einer Iteration einen Reflektions-Workshop ansetzen. Teilen Sie dazu z.B. eine Pinnwand in drei Bereiche mit den Überschriften „beibehalten", „Probleme", „ausprobieren" auf und heften Sie Kärtchen in die entsprechenden Felder.

Warum Crystal?

Cockburn definiert den Erfolg einer Methode folgendermaßen: „Sie hat zum Ergebnis geführt und das Team würde es wieder so machen." Crystal setzt deshalb auf maximale Selbstorganisation des Entwicklungsteams und minimale Kontrolle. Er ist überzeugt davon, dass jedes Projekt immer eine Stufe weniger Kontrolle braucht, als man glaubt. Die Entwickler wollen gute Arbeit leisten und nutzen ihren Hausverstand (statt Vorschriften), um das Ziel zu erreichen. Sie sehen die Notwenigkeit von Regeln ein und regeln das, was geregelt werden muss auf eine einfache, effiziente Weise ohne großen Zusatzaufwand.

Mit vielen anderen Methodenentwicklern teilt Cockburn die Meinung, dass die Suche nach der einzigen, wahrhaften Methode, die in allen Projekten funktioniert, erfolglos sein muss. Es gibt zwei prinzipielle Möglichkeiten, aus diesem Dilemma herauszukommen. Man kann entweder ein großes Methoden-Framework zur Verfügung stellen, mit vielen Best Practices und jedem Projekt die Anpassung an die Spezifika überlassen, oder man stellt eine Menge von vorfabrizierten Kernmethoden für bestimmte Kategorien zur Verfügung, welche natürlich ebenfalls ständig adaptiert werden können. Der RUP (siehe Seite 77) hat sich für den ersten Weg entschieden, Alistair Cockburn für den zweiten.

Adaptive Software Development (ASD)

Ähnlich wie Crystal ist auch ASD mehr eine Entwicklungsphilosophie als eine konkrete Methode. Statt bestimmte Phasen, Aktivitäten und Ergebnisse vorzuschlagen, setzt ihr Schöpfer, Jim Highsmith, darauf,

Ihnen als Leser die Grundidee nahezubringen, dass nichts beständiger ist als der Wandel. Sie sollten also nicht gegen den Wandel kämpfen, sondern ihn ins Herz schließen und zur Grundlage aller Ihrer Handlungen machen.

ASD [Highsmith00] und eXtreme Programming [Beck00] wurden im Abstand von wenigen Monaten unabhängig voneinander publiziert. Beide stellen folgenden Aspekt in den Mittelpunkt: Wenn Änderungen der Normalfall sind, dann sollten Sie weniger extensiv planen und vorhersagen, sondern aus der Entwicklung heraus lernen und das Gelernte stets in die weitere Gestaltung des Projekts einbeziehen. Daraus ergeben sich für alle Aktivitäten andere Schwerpunkte und für alle beteiligten Personen andere Verhaltensmuster. Diese zeigt ASD an vielen Beispielen auf.

Im Mittelpunkt von ASD steht ein adaptiver Lebenszyklus für Softwareentwicklung, der

- zielorientiert,
- Feature-basiert,
- iterativ mit Time-Boxing,
- risikogetrieben und
- tolerant gegenüber Änderungen ist.

Ziele und Visionen sind die treibenden Kräfte im Projekt. Ein ausgeklügelter Zielfindungsprozess ist daher ein Kernbestandteil von ASD. Ohne Ziele und Randbedingungen würde eine iterative Entwicklung in eine unvorhersehbare Richtung driften. Die Features sind in jedem Zyklus das, was der Kunde als Ergebnis erwartet. Sie ermöglichen, dem Kunden und den Entwicklern rasches Feedback zu geben, und bilden die Basis für ein gemeinsames Verständnis, was zu erreichen ist. ASD setzt auf striktes Time-Boxing für die einzelnen Iterationen. Die (manchmal) harten Zeitvorgaben sind jedoch weniger dazu da, die Entwickler zu gängeln und zu Überstunden zu drängen, sondern nur, um sicherzustellen, dass Entscheidungen nicht auf die lange Bank geschoben werden und in kurzen Abständen wirklich vorzeigbare Ergebnisse produziert werden. Bei Projekten mit hohen Änderungsraten besteht sonst das Problem, dass das Entwicklungsteam wegen der ständigen Änderungen lange zu gar keinen Ergebnissen kommt. Projektmanagement und die Planung der Zyklen werden, wie auch beim Spiralmodell von Barry Boehm und vielen anderen Vorgehensmodellen, hauptsächlich von den Projekt- und Produktrisiken getrieben, und Änderungen werden als Chancen für Wettbewerbsvorteile verstanden, aber nicht als Probleme.

Spekulieren → Zusammenarbeiten → Lernen

Betrachten Sie die Geschichte der Vorgehensmodelle. Ausgehend vom Wasserfallmodell mit seinen eher sequenziellen Phasen entwickelten sich viele iterative Modelle, in denen Sie zyklisch die drei Tätigkeiten „Planen → Erstellen → Anpassen" durchlaufen. ASD ersetzt diesen Zyklus durch den Zyklus „Spekulieren → Zusammenarbeiten → Lernen".

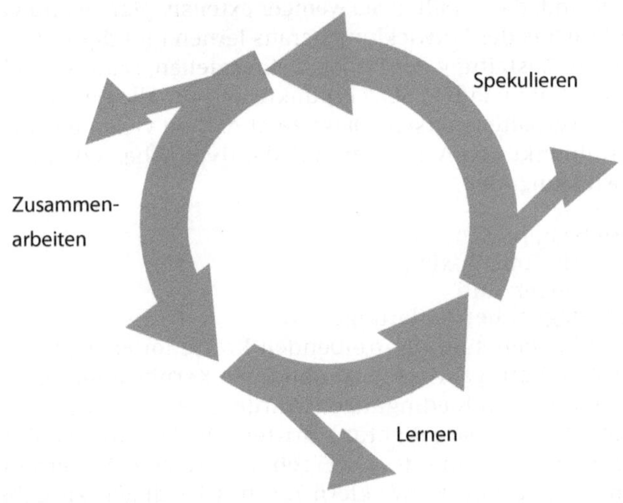

Ist es nur ein Spiel mit Worten, Planen durch Spekulieren zu ersetzen, Erstellen durch Zusammenarbeiten und Anpassen durch Lernen? Jim Highsmith belegt durch viele Beispiele, dass hinter der Änderung der Wörter der Anreiz für einen Eingriff in die Entwicklungskultur liegt. Allein das Wort „planen" suggeriert, dass das Ziel hinreichend genau bekannt ist. Wenn man geplant hat, dann möchte man auch den Plan einhalten. Dies wiederum setzt den falschen Schwerpunkt, weil Einhaltung des Plans nicht unser Hauptziel sein kann, sondern die Erreichung der Ziele. Wenn Sie Wert darauf legen, den Plan einzuhalten, verschließen Sie sich vielleicht den Möglichkeiten, das Projekt aufgrund von Erkenntnissen, die am Anfang nicht verfügbar waren, in innovative Richtungen zu lenken. Der ASD-Entwicklungszyklus suggeriert diese Möglichkeiten durch die kleinen Pfeile, die in jedem Schritt der Iteration die Möglichkeit zum Ausbrechen und Umdenken andeuten.

Drei Grundsätze liegen dem ASD-Entwicklungszyklus zugrunde. Erstens wird Unsicherheit und Wandel als Grundlage anerkannt. Sie sollten nicht versuchen, ein Projekt durch präzise Vorhersagen und rigide Steuerung zu managen, sondern eher versuchen, die Richtung vorzugeben, zu motivieren, leicht anzustoßen oder zu beschränken, jedoch nicht zu kontrollieren. Zweitens baut ASD auf eine Kultur, in der Ordnung entsteht und nicht vorgegeben wird. Bei einer vorgegebenen Ordnung würde man im Falle von Änderungen nach neuen Regeln für Ursachen und Wirkungen suchen; bei ASD weiß man, dass es solche Regeln nicht gibt. Drittens ist ASD ergebnisorientiert und nicht aktivitätsorientiert. Die Ergebnisse und dafür vorgegebene Qualitätseigenschaften stehen im Mittelpunkt; die Prozesse und Aktivitäten, um diese Ergebnisse unter den vorgegebenen Randbedingungen zu produzieren, sind dem Entwicklungsteam freigestellt und treten in den Hintergrund.

Spekulieren

Spekulieren trifft eher das, was am Anfang passiert. Wenn Sie über Ziele und Ergebnisse spekulieren, statt sie zu planen, dann werden Sie in Ihrer Wortwahl andeuten, dass es vielleicht doch anders kommt, als Sie derzeit glauben. Vielleicht brauchen Sie eine andere Technologie, oder die Konkurrenz hat bessere Features früher als Sie am Markt, und Sie müssen Ihre Prioritäten ändern. Nach einer Planung erhalten Sie eher das Produkt, das Sie sich ausgedacht haben, nach dem Spekulieren vielleicht das Produkt, das der Kunde wirklich haben will. Beim Spekulieren halten Sie fest, wohin Sie gehen wollen, sehen aber die Möglichkeit vor, nach Sondierung des Terrains Ihre Ideen anzupassen. Abweichungen von einem Plan sind Fehler, die behoben werden müssen. Abweichungen von Ihren Spekulationen sind Zusatzerkenntnisse und Lerneffekte, die Sie zu vielleicht nicht vorhergesehenen, aber zufriedenstellenderen Ergebnissen führen. Spekulieren heißt nicht, dass ASD auf Planung verzichtet, jedoch dass man realistischer ist. Man gibt nicht vor, Dinge zu wissen, die man in Wirklichkeit zu dem Zeitpunkt nicht weiß oder nicht wissen kann. Spekuliert wird auf allen Ebenen: Für das Gesamtprojekt spekulieren Sie über die Mission und die Ziele; in jedem Zyklus spekulieren Sie über die detaillierten Iterationsziele und Features.

Zusammenarbeiten

Zusammenarbeit ist mehr als Kommunikation. Kommunikation ist passiv. Information wird weitergegeben mit dem Zweck, andere zu informieren. Zusammenarbeiten ist aktiv und bedeutet, gemeinsam etwas zu erfinden oder zu schaffen. Durch den Beitrag von jedem Einzelnen entsteht etwas, das vielleicht keiner der Beteiligten vorhergesehen hat. Dieses Entstehen von Dingen in komplexen, adaptiven Systemen ist wissenschaftlich immer noch nicht voll verstanden. Es ist nicht gut vorhersagbar, aber inzwischen in vielen Branchen und Domänen empirisch nachgewiesen und weit mehr als Zufall.

Zusammenarbeit setzt Offenheit, Vertrauen und gegenseitigen Respekt voraus. Zusammenarbeit betrifft alle Beteiligten. Das technische Team erarbeitet lauffähige Software zusammen, Projektmanager sorgen dafür, dass eine Umgebung geschaffen wird, in der Zusammenarbeit ermöglicht wird. Aber auch Kunden und Lieferanten sind in die Zusammenarbeit eingeschlossen.

Lernen

Durch Zusammenarbeit werden Ergebnisse erzeugt. Das sollte doch reichen. Wozu brauchen Sie den dritten Schritt im ASD-Entwicklungszyklus? Lernende Organisationen zeichnen sich dadurch aus, dass Sie in der Lage sind, ihre eigenen Fähigkeiten kritisch zu hinterfragen und die Annahmen hinter ihren Prozessen und Praktiken ständig zu überprüfen. Die Quintessenz des Lernschritts ist es, Feedback in vielfältiger Form zu erhalten. Da sind zunächst natürlich die Ergebnisse der Iteration. ASD schlägt als Mittel zum Lernen über die Qualität der Ergebnisse Customer Focus Groups vor. Da Anforderungen nie mit 100 %-iger Präzision vorher erfasst werden können, nutzen Sie stattdessen moderierte Workshops am Ende jeder Iteration, bei denen den Kunden das Ergebnis live präsentiert wird und Änderungs- und Ergänzungswünsche festgehalten werden. Als Lernzyklus für die technische Qualität des entstehenden Produkts schlägt ASD sogar Reviews in kürzeren Abständen vor. Idealerweise werden der Source Code und die Architektur ständig überprüft (z.B. durch Pair Programming oder durch Code Reviews), größere Architekturprüfungen sollten wöchentlich oder spätestens am Ende einer Iteration vorgenommen werden.

Nicht nur das Produkt wird ständig fachlich und technisch adaptiert, auch der Entwicklungsprozess ist Gegenstand des Lernens. Spezielle Reviews im Team, über seine Arbeitsweise und Praktiken, vergleichbar mit den Reflektions-Workshops von Crystal, ermuntern alle Beteiligten, über die Effektivität ihrer Arbeit nachzudenken und die Art der Zusammenarbeit ständig zu verbessern.

Natürlich lässt sich durch ein Umbenennen der Phasen die Softwareentwicklung nicht nachhaltig beeinflussen. Wenn Sie jedoch lange genug dieses Vokabular verwenden und seine Bedeutung ernst nehmen, werden sich im Lauf der Zeit auf allen Ebenen bei allen Beteiligten die erwünschten Kulturänderungen einstellen.

Führung und Zusammenarbeit

Viele Manager arbeiten – wider besseres Wissen – immer noch unter der Grundannahme, dass Stabilität der Normalzustand und Änderungen die Ausnahme sind. Und ihre Managementpraktiken spiegeln diese Annahme wieder. Wie Generäle kennen Projektmanager die Ziele und können Ihren Truppen den Befehl erteilen, diese zu erreichen. Danach wird die Einhaltung der Zielerreichung überwacht und bei Abweichungen gegengesteuert. Diese „Command-and-Control-Philosophie" hat jedoch bei Projekten keinen Erfolg, in denen Änderungen der Normalzustand und Stabilität die Ausnahme sind. Änderungsmanagement und Risikomanagement sind keine kleinen Ergänzungen zum Projektmanagement, sondern werden das Kernstück des Managementprozesses. Anpassung ist ein Muster für kontinuierlichen Wandel im Gegensatz zu periodischen, diskreten Änderungen.

ASD setzt für das Management statt auf Vorschriften und Überwachung eher auf Motivation und Zusammenarbeit auf allen Ebenen des Projekts. Despoten kennen die Ziele, Führungspersönlichkeiten verstehen die Motivation hinter den Zielen; Despoten diktieren, Führungspersönlichkeiten beeinflussen und leiten an; Despoten fordern, Führungspersönlichkeiten fördern und ermöglichen, Despoten managen verrichtungsorientiert im Kleinen, Führungspersönlichkeiten managen ergebnisorientiert im Großen.

Agile Führung konzentriert sich darauf, eine Umgebung und eine Kultur zu schaffen, in der Anpassung und Zusammenarbeit blühen können, und eine Teamstruktur zu schaffen, in der die einzelnen Gruppen effektiv aufeinander einwirken. Bei einem Team von wenigen Personen an einem Ort ist es leicht, die Zusammenarbeit ohne viele Regeln zu gewährleisten und alle Beteiligten ständig auf die Vision auszurichten. Bei international verteilten, großen Teams verfällt man nur zu leicht wieder in die Annahme, alles organisieren zu müssen und viele Regeln einzuführen. Das Kunststück in großen Projekten ist die Gradwanderung zwischen Chaos und Ordnung. ASD und andere agile Methoden haben dafür den Begriff „chaordisch" eingeführt. Man erkennt chaordische Organisationen daran, dass sowohl hierarchische Strukturen und klare Berichtswege existieren, um das Kontrollbedürfnis von Managern zu befriedigen, wie auch freie Meinungsäußerung und subversive, kreative Aktivitäten zugelassen sind, ohne dass irgendjemand Angst haben muss.

Wie oben schon erwähnt, setzt ASD im Management eher auf entstehende als auf vorgegebene Ordnungen. Durch die vielen Reviews im Lernteil des ASD-Lifecycle werden auf allen Ebenen bestimmte Dinge festgelegt, solange sie sich bewähren. Wenn nicht, haben auch alle den Mut, es zu sagen und Änderungen herbeizuführen.

Die Regelung von Verantwortungen für die Ergebnisse steht oft im Widerspruch zur gewollten Zusammenarbeit. Die Verantwortung für den Projekterfolg sieht ASD bei allen Beteiligten, inklusive den Kunden sowie internen und externen Zulieferern. Natürlich steht Vertrauen im Mittelpunkt. Wenn jemand verspricht, etwas zu liefern, so vertraut man zunächst darauf. Da wir aber in keiner idealen Welt leben, kommt es manchmal bei Beteiligten zu Selbstüberschätzungen oder zu Prioritätsverschiebungen, was dann versprochene Ergebnisse gefährden könnte. Die explizite Verteilung von Verantwortung schützt ein Projekt gegen menschliche Fehlbarkeit, Missverständnisse und gelegentlichen Missbrauch von Vertrauen. Die Konzentration von ASD auf Time-Boxen für die Iterationen stellt einen Rahmen dar, in dem Verantwortung für Ergebnisse prüfbar wird und gleichzeitig adaptives Verhalten und innovative Ideen gefördert werden.

Adaptive Systeme

Die Ideen von Jim Highsmith provozieren zunächst weniger als die eher radikalen Thesen von Kent Beck in eXtreme Programming. Auf der Basis der Theorie adaptiver Systeme lernen Sie jedoch eine Art, Software zu entwickeln, die alle agilen Maximen erfüllt. Sie ist auch für große, komplexe, verteilte Projekte einsetzbar, bei denen der Grad an Änderungen vielleicht noch größer ist als bei Projekten mit fünf Personen für einen einzelnen Kunden. Highsmith definiert Projekterfolg folgendermaßen:

- Das Produkt wird ausgeliefert.
- Das Produkt ist nahe an der Vision, gemessen in einer ausgewogenen Mischung von Leistungsumfang, Entwicklungszeitraum, Ressourceneinsatz und Fehlerraten.

- Das Entwicklungsteam ist am Ende noch gesund.

ASD empfiehlt eine Menge von Konzepten und Praktiken, die Projektteams dazu verhelfen, diese Ziele zu erreichen.

Scrum

Scrum ist ein Begriff aus der Rugby-Welt: Ein Scrum ist der Teil des Spiels, bei dem die Mannschaften eng auf einem Haufen zusammenstehen und nach dem Einwurf des Balles versuchen, diesen zu gewinnen. Ken Schwaber, Jeff Sutherland und Mike Beedle haben diesen Begriff für eine agile Managementmethode verwendet. Scrum ist ein Satz von Regeln oder Mustern, mit denen komplexe Projekte eher im Griff zu halten sind als mit den herkömmlichen Planungs- und Überwachungsmethoden. Scrum ist keine komplette Entwicklungsmethode in herkömmlichem Sinn.

Der Scrum-Prozess im Überblick

Ein Scrum-Projekt besteht aus einer Folge von 30-tägigen Iterationen, die Sprints genannt werden. Die 30 Tage sind ein empfohlener Richtwert; Sie können Sprints auch eine Woche kürzer oder länger durchführen. Aus der Liste der offenen Wünsche an das Produkt, dem Produkt-Backlog, wird derjenige Teil ausgesucht, der im nächsten Sprint entwickelt werden soll. Während des Sprints werden die ausgesuchten Features dann in Software umgesetzt. Das Scrum-Team entwirft, programmiert und testet eigenverantwortlich. Dazu müssen alle benötigten Rollen, wie Designer, Programmierer, Tester, User-Interface-Spezialist und Qualitätssicherer im Team vertreten sein. Das Team plant und organisiert seine Arbeit selbst. Es trifft sich dazu täglich zu kurzen Scrum-Meetings, sodass jeder Beteiligte jederzeit über den Stand der Arbeiten und die Pläne informiert ist.

Während des Sprints ist es die Aufgabe des Scrum-Masters, dem Team eine motivierende Arbeitsumgebung zur Verfügung zu stellen, den Rücken freizuhalten, keine Änderungen an der laufenden Arbeit zuzulassen und jegliche andere Störung abzublocken. Zum Abschluss stellt das Scrum-Team das Ergebnis allen Interessierten vor, die aufgrund der neuen Erkenntnisse den Produkt-Backlog beliebig ändern oder erweitern können.

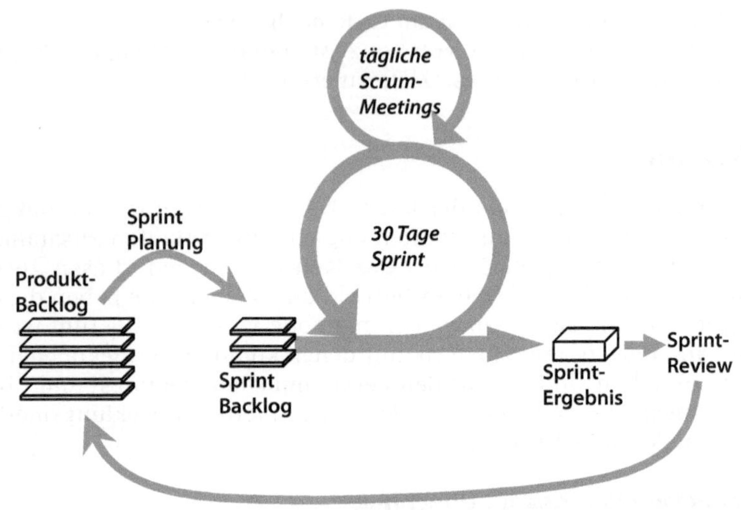

Der Scrum-Prozess nach [Sch/Bee02]

Sprint-Vorbereitung

Die Wünsche von Kunden und Auftraggebern werden (unkommentiert und jederzeit änderbar) im Produkt-Backlog gesammelt. Legen Sie zu Beginn dabei keinen Wert auf Vollständigkeit und Präzision, das kommt später. Die Stakeholder schreiben informell auf, was sie vom Produkt erwarten. Die Liste ist schnell länger als das, was das Team braucht, um mit dem ersten Sprint beginnen zu können. Sie können den Produkt-Backlog jederzeit ergänzen und präzisieren. In diese Liste werden sowohl fachliche Wünsche wie auch technische Aufgaben aufgenommen, z. B. die Beschleunigung von Datenbankzugriffen oder die Stabilisierung eines Frameworks. Die Verantwortung für die Prioritäten der Inhalte des Produkt-Backlogs ist in Scrum eindeutig geregelt: Ausschließlich der Produkteigner hat das Recht und die Pflicht, Features und Aufgaben im Produkt-Backlog mit Prioritäten zu versehen. Produkteigner ist meist ein Kunde, ein wichtiger Anwender, jemand aus dem Marketing oder ein Manager.

Am Beginn eines Sprints treffen sich alle Beteiligten zur Sprint-Planung. In diesem Meeting erläutert der Produkteigner dem Team die

Features mit den höchsten Prioritäten. Bevor die detaillierte Auswahl von Features beginnt, einigen sich das Management, der Produkteigner und das Scrum-Team auf ein Sprint-Ziel. Dieses wird üblicherweise als kurzer, prägnanter Satz formuliert. Das Ziel allein – und nicht die genauen Features – bilden die Basis für die Abnahme des Sprint-Produkts am Ende des Sprints. Diese Regel hält dem Team den Rücken frei, sich auf die Intention des Auftraggebers zu konzentrieren und nicht einzelne Wörter einer Spezifikation auf die Goldwaage legen zu müssen.

Das Scrum-Team übernimmt die wichtigsten Features aus dem Produkt-Backlog in den Sprint-Backlog. Das Team organisiert sich dabei selbst und setzt Wünsche während der Planung direkt in konkrete Aufgaben für die einzelnen Teammitglieder um. Beachten Sie, dass die Aufgaben nicht vom Projektleiter verteilt werden, sondern dass sich das Team selbst für einzelne Aufgaben einteilt. Die Teammitglieder schätzen dabei auch ihre Aufwände grob ab. Alle Beteiligten müssen sich dabei einig sein, dass diese Schätzung nicht verbindlich ist. Sie dient nur dazu, rechtzeitig mit der Übertragung von Aufgaben aus dem Produkt-Backlog Schluss zu machen, wenn die Ressourcen im Team für die nächsten 30 Tage ausgelastet sind. Eventuell werden dabei Aufgaben zerlegt, damit eine Zuordnung zu den Einzelpersonen hergestellt werden kann. Das Ergebnis können Sie in einfacher tabellarischer Form festgehalten: Wer übernimmt welche Aufgabe mit welchem Aufwand.

Die meisten Sprints zielen darauf ab, neue Features aus dem Produkt-Backlog zu implementieren. Dazwischen können jedoch auch Sprints eingestreut werden, die ausschließlich der Produktstabilisierung dienen oder aufwendigere technische Änderungen durchführen. Insbesondere vor größeren Inbetriebnahmen erweisen sich solche Sprints als sinnvoll. Auch für „Scrum-Anfänger“ sind solche Zwischensprints hilfreich, wenn die Qualität für Produktfeatures in den Sprints doch nicht ganz zufriedenstellend erreicht werden konnte.

Scrum-Sprints

Wie bei vielen agilen Methoden ist es das primäre Ziel, am Ende eines Sprints produktionsreifen und getesteten Code zu haben. Scrum schlägt keine spezifischen Entwicklungstechniken vor, wie das Ziel zu erreichen ist. Jedes Teammitglied ist frei, zu machen, was es für richtig hält, um das Ziel zu erreichen. Außer dem Ziel gibt es für den Sprint keine äußeren Randbedingungen und Einschränkungen für das Team. Jeder arbeitet seine Aufgaben ab. Bei neuen Erkenntnissen kann jeder die Aufgabenliste und die Schätzungen korrigieren.

Ein Grundregel in Scrum lautet: Der Produkt-Backlog kann zwar jederzeit ergänzt und geändert werden, nicht jedoch in den Teilen, die gerade in laufenden Sprint bearbeitet werden. Änderungen daran können nach dem Ende des Sprints eingebracht werden. Diese Regel stellt sicher, dass das Scrum-Team sich in den 30 Tagen voll auf die Erreichung des Ziels konzentrieren kann und nicht mit ständigen Änderungswünschen konfrontiert wird. Auch Änderungen in der Besetzung des Teams sind innerhalb des Zeitraums eines Sprints verpönt.

Das Team trifft sich täglich zu kurzen Scrum-Meetings für maximal 15 Minuten, jeden Tag am gleichen Ort zur gleichen Zeit. Idealerweise finden die Treffen am frühen Morgen statt, weil dabei die Arbeit für den Tag besprochen wird. Jeder im Team muss drei Fragen beantworten:

- Was hast Du seit dem letzten Scrum-Meeting getan?
- Welche Hindernisse sind dabei aufgetreten?
- Was planst Du bis zum nächsten Scrum-Meeting fertig zu haben?

Diese Meetings sind nur zum Informationsaustausch gedacht, nicht zur Problemlösung. Sie sind auch nicht dazu da, um festzustellen, wer vor oder hinter dem Plan liegt, sondern hauptsächlich, um gegenseitig Verpflichtungen einzugehen, bestimmte Arbeiten zu erledigen.

Die Teilnehmer an den Meetings werden in Scrum als Schweine und Hühner bezeichnet. Dahinter verbirgt sich der Scherz über Schinken mit Eiern zum Frühstück: Die Schweine müssen sich verpflichten („werden verspeist"), die Hühner sind lediglich beteiligt. Nur Mitarbeiter des Scrum-Teams dürfen reden (die Schweine); alle anderen, wie Manager, Qualitätssicherer, Marketing, Anwender und andere (die Hühner) dürfen gerne dabei sein und zuhören (um überflüssige zusätzliche Sitzungen zum Informationsaustausch zu vermeiden), dürfen aber nichts sagen.

Oft wird gefragt, ob man die Antworten auf die drei Fragen nicht einfacher durch E-Mail-Status-Reports erhalten kann. Die Antwort ist nein, denn jeder Beteiligte soll sehen, was passiert oder nicht passiert ist. Der Druck durch die Kollegen wird für jeden Einzelnen aufgebaut, das auch wirklich fertig zu stellen, was man gestern zugesagt hat. Durch diesen Mechanismus wird das Team täglich zu realistischen Schätzungen erzogen und kann so im Laufe der Zeit immer besser einschätzen, was es zu leisten imstande ist.

Der Scrum-Master moderiert die täglichen Scrum-Meetings und ist dafür verantwortlich, auftretende Hindernisse aus dem Weg zu räumen. Normalerweise übernimmt der Projektleiter diese Rolle. Der Scrum-Master ist gleichzeitig der Mentor des Teams und sorgt dafür, dass das Team sich nicht überschätzt, wenn es Arbeiten für einen Sprint übernimmt, aber auch dafür, dass das Team dann exakt nach den Grundsätzen von Scrum handelt.

Der Fortschritt im Sprint wird durch eine einfache Grafik, den Sprint-Backlog-Graphen, überwacht. Täglich werden die noch verbleibenden Aufwände für die geplanten Arbeiten im Sprint eingetragen. Auch dafür hält sich der Aufwand in Grenzen. Entwickler, die ja ihren eigenen 30-Tage-Plan täglich vor Augen haben, sollten Aufwandsänderungen in einer Minute nennen können, dem Projektleiter stehen zehn Minuten für das Zusammenführen der Zahlen zur Verfügung. Falls sich während der Arbeit ergibt, dass eine Aufgabe doch länger dauert als gedacht, kann der Aufwand des Sprint-Backlogs auch in die Höhe gehen. Der Projektmanager hat somit eine tägliche Fortschrittskontrolle, welche sich in der Scrum-Praxis als äußerst zuverlässig und hilfreich erwiesen hat. Diese Fortschrittskontrolle dient nicht zur Zeiterfassung oder zur Überprüfung der Schätzungen, denn das Team wird nicht nach den erbrachten Stunden beurteilt, sondern einzig an den erreichten Ergebnissen. Eine Überwachung der Schätzungen ist nicht nötig, denn jeder Einzelne lernt aus seinen Fehlschätzungen am meisten und wird das Gelernte bei den nächsten Schätzungen beherzigen.

Sprint-Review

Die Vorstellung des Sprint-Ergebnisses ist der Höhepunkt des Sprints. Das erstellte Produkt wird dem Produkteigner, den Kunden, dem Management und anderen Entwicklern vorgeführt. Typischerweise werden dabei neue Features demonstriert oder die Architektur erläutert. Die Reviews haben informellen Charakter und sollten höchstens zwei Stunden Vorbereitungszeit in Anspruch nehmen. Im Review wird dann festgestellt, ob das Sprint-Ziel im Wesentlichen erreicht worden ist. Eventuell muss als Ergebnis des Reviews der Produkt-Backlog angepasst werden, wenn zwar das Ziel erreicht wurde, jedoch nicht alle Features vollständig die Erwartungshaltung der Stakeholder erfüllen. Diese Ergänzungen im Produkt-Backlog werden vom Produkteigner wieder in die Prioritäten eingereiht, sodass sie bei der Auswahl von Features für die nachfolgenden Sprint-Backlogs gemäß ihrem Wert berücksichtigt werden können.

Der Sprint-Review spielt eine wichtige Rolle in der Scrum-Philosophie. Das Team lernt, sich selbst so zu organisieren und zu arbeiten, dass es nach 30 Tagen lauffähige Software demonstrieren kann.

Nur für kleine Projekte?

Scrum wird üblicherweise in kleinen Teams von 6–10 Entwicklern angewandt. Inzwischen liegen jedoch Erfahrungen von mehr als 10 Jahren vor, auch mit großen Teams. Sutherland, Schwaber und Beedle berichten über Teams von 100 bis 600 Personen, die erfolgreich Scrum eingesetzt haben. Zur Skalierung der Methode werden Scrums von Scrums gebildet, indem jedes kleine Scrum-Team einen Vertreter in die großen Scrum-Teams entsendet. Für solche Meta-Scrums gelten dann ähnliche Spielregeln wie im Kleinen.

Die Stärke von Scrum liegt wahrscheinlich in seiner Einfachheit. Wenige Regeln wie kurze Sprints und tägliche Meetings sowie die störungsfreie, eigenverantwortliche Arbeit des Scrum-Teams während des Sprints sorgen für ein *chaordisches* Vorgehen. Scheinbar unkontrolliertes Chaos ohne Regeln während eines Sprints – denn jeder darf nach seiner Facon glücklich werden – aber implizite tägliche Kontrolle durch Druck von Kollegen und relativ kurzfristige Kontrolle und Eingriffsmöglichkeiten anhand der „Früchte“, die das Team im Scrum-Review am Ende des Sprints zeigen muss.

Die Einführung von Scrum in einem Unternehmen ist kein einfaches Unterfangen, weil die wenigen Spielregeln konsequent eingehalten werden müssen und weil jeder harte Entscheidungen treffen muss. Die Erfahrung hat jedoch gezeigt, dass Organisationen, die das nicht schaffen, auch mit anderen Methoden bei risikoreichen Projekten mit großen Unsicherheiten scheitern. Je größer und unsicherer Projekte sind, desto mehr tragen die agilen Grundsätze, die Scrum zugrunde liegen, dazu bei, die Erfolgswahrscheinlichkeit zu erhöhen.

ARTE – eine agile Vorgehensweise für technische Systeme

Real-Time Embedded Systems (RTE-Systeme) besitzen einige besondere Eigenschaften und Probleme, die deren Entwicklungsprozess erheblich beeinflussen. Das ***Agile*** ***RTE*-Vorgehen** (**ARTE)** von Hruschka und Rupp [HR/RU02] setzt mit seinen Best Practices den Fokus darauf, gerade diese Problemschwerpunkte gezielt zu entschärfen. Die wichtigsten Eigenschaften von RTE-Systemen, die eine signifikante Auswirkung auf den Entwicklungsprozess haben, sind:

- Einbettung in die Umgebung
- Verteilung
- Zeitanforderungen
- Parallele Prozesse

Nicht jedes RTE-System besitzt alle diese Eigenschaften. Der Ansatz ARTE empfiehlt Ihnen daher, zunächst Ihr System hinsichtlich seiner Charakteristika zu erforschen. Wenn Sie wissen, welche dieser Eigenschaften für Ihr System zutreffen, sind Sie in der Lage, ein agiles Vorgehen anzuwenden, welches genau auf Ihr System zugeschnitten ist.

Anforderungen an RTE-Systeme

Was soll das RTE-System leisten? Zuallererst erwarten wir natürlich, dass ein System seine Funktion erfüllt, so sollte z. B. ein Herzschrittmacher die Herztätigkeit unterstützen. Daneben haben Anwender von RTE-Systemen noch eine Reihe zusätzlicher Erwartungen, die oft als **nicht-funktionale Anforderungen** in die Entwicklung einfließen, wie z. B. Erwartungen an die Dienstqualität. Diese umfassen unter anderem die folgenden Aspekte:

- Benutzbarkeit
- Effizienz (Zeitverhalten, Verbrauchsverhalten)
- Zuverlässigkeit (Systemreife, Wiederherstellbarkeit, Fehlertoleranz)
- Verfügbarkeit
- Änderbarkeit (Stabilität, Prüfbarkeit)
- Übertragbarkeit (Anpassbarkeit)
- Sicherheit

Diese Faktoren beeinflussen insbesondere das Design des Systems und müssen deshalb rechtzeitig erhoben und bei den nächsten Vorgehensschritten berücksichtigt werden. Im Sinne agilen Vorgehens sollten Sie aber nur die Qualitätsanforderungen übernehmen, die für Ihr System wirklich wichtig sind.

Ein ganzheitlicher Ansatz

RTE-Systeme beinhalten – anders als kommerzielle Software – neben der Software mindestens noch einen Hardwareanteil. Entwickler auf der Hardware- wie auf der Softwareseite sind daher darauf angewiesen, die Anforderungen der jeweils anderen Seite zu berücksichtigen, während der Kunde das System meist in der Gesamtheit sieht und es für ihn oft nicht relevant ist, welche Teile der Systemfunktionalität in Hard- oder Software realisiert werden.

Es ist daher sinnvoll, einen Ansatz zu wählen, der das System als Gesamtheit von außen betrachtet. Zum einen spiegelt dieser ganzheitliche Ansatz die Wünsche der Kunden wieder, denn sie wollen ein funktionierendes Gesamtsystem. Zum anderen sind Entwickler gezwungen, jeweils die Vor- und Nachteile einer Realisierung in Soft- oder Hardware abzuwägen und gemeinsam die beste Lösung zu erarbeiten.

ARTE betrachtet daher den Entwicklungsprozess auf zwei Ebenen: auf der **Systemebene** und auf der **Softwareebene**. Wie die folgende Abbildung zeigt, werden in jeder dieser beiden Ebenen zwei Hauptergebnisse erzielt:

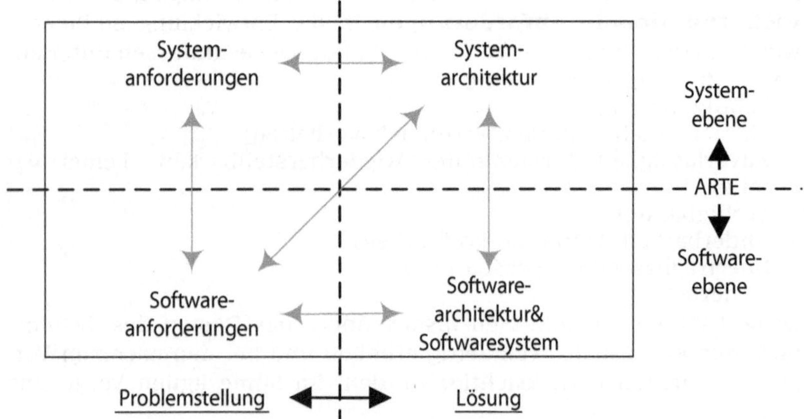

- Anforderungen, als Niederschrift der jeweiligen Problemstellung, und
- Architekturen, als Dokumentation einer dazu passenden Lösung.

Diese Abbildung ist eigentlich nicht vollständig – der untere Bereich müsste noch um die Problem-Lösungspaare der Hardware und anderer verwendeter Technologien ergänzt werden. Für die verkürzte Darstellung des Vorgehens soll uns jedoch diese Vereinfachung genügen. Die senkrechte Achse trennt die Problemstellung von der Lösung, da die Problemstellung meist länger stabil ist als die Lösungen und zu einer Problemstellung möglicherweise mehr als eine Lösung existiert.

Agile Systementwicklung

ARTE ist vor allem *ergebnisorientiert*. Der agile Entwicklungsprozess bewahrt Sie somit davor, viele Prozessschritte nur deshalb durchzuführen, weil Ihr Vorgehensmodell es so vorschreibt. Er gibt Ihnen einen ergebnisorientierten Ansatz an die Hand, der das zu erstellende Ergebnis in den Mittelpunkt rückt und lediglich eine Menge an Aktivitäten in Form von Best Practices anbietet.

Anders als viele Vorgehensmodelle mit Dutzenden oder Hunderten von Ergebnistypen konzentriert sich ARTE auf drei maßgebliche Artefakte als Ergebnisspeicher: Stellen Sie sich dazu drei spezialisierte Gehirne vor, in denen das Wissen über die Problemstellung, das Wissen über die Lösung und das Wissen über das Management des Entwicklungsprojekts jeweils strukturiert und hochgradig vernetzt festgehalten wird. Alles, was wir zu einem Zeitpunkt zu einem Thema wissen, ist im jeweiligen Gehirn gespeichert. Je nach Zustand oder Phase des Entwicklungsvorhabens wird weniger oder mehr des entsprechenden Gehirns gefüllt sein. Es gibt kein starr vorgegebenes Schema, was alles im Gehirn festgehalten werden muss. Betrachten Sie die Risiken im jeweiligen Bereich und entscheiden Sie danach, wie viel oder wie wenig Sie zu einem Thema festhalten müssen.

Produkt- und Systementwicklungszyklus

ARTE leitet Sie durch den gesamten Systementwicklungsprozess. Die Durchführung der einzelnen Aktivitäten sowie die Reihenfolge und Intensität der Durchführung steht Ihnen frei und hängt von Ihrem System ab. Aus Platzgründen geben wir Ihnen hier nur einen Überblick über zwei wesentliche Aktivitäten – die Abgrenzung des Systemkontexts und die Taskmodellierung –, welche die Charakteristika des

ARTE-Vorgehensmodells verdeutlichen. Die ganze Wahrheit erfahren Sie in [HR/RU02].

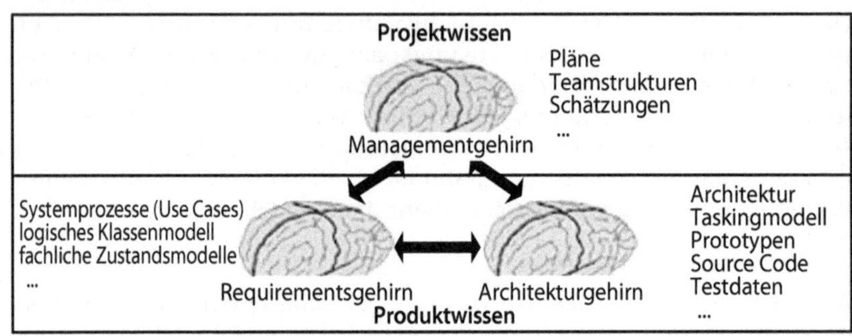

Systemkontext abgrenzen

RTE-Systeme beinhalten mehr als Software, kommunizieren oft intensiv mit ihrer Umgebung und sind evtl. sogar baulich in ihr verankert. Daher ist es wichtig herauszufinden, was innerhalb und was außerhalb der Systemgrenzen liegt. Ein Kontextdiagramm ist damit eines der wichtigsten Ergebnisse der Systemanalyse. Der ARTE-Ansatz empfiehlt, die Abgrenzung des logischen Kontexts (Kommunikation mit den Nachbarsystemen) in der UML durch ein Use-Case-, Klassen- oder Sequenzdiagramm zu simulieren. Die Abgrenzung der physikalischen Kanäle und Übertragungsmedien kann durch ein Verteilungsdiagramm erfolgen. Welche der Diagrammarten Sie wählen, hängt vom Typ Ihres Systems und dem von Ihnen angestrebten Schwerpunkt der Kontextabgrenzung ab.

Die Standardempfehlung vieler Vorgehensmodelle ist die **Kontextabgrenzung** mittels Use-Case-Diagrammen als Einstieg in die Systementwicklung.

Hruschka/Rupp empfehlen bei der Kontextabgrenzung vor allem dann auf Use-Case-Diagramme zurückzugreifen, wenn

- die detaillierte Modellierung der Schnittstellen noch offen ist und
- lediglich das System, die Nachbarsysteme und deren grundsätzliche Kommunikation dargestellt werden sollen.

ARTE ermöglicht es Ihnen aber auch, Klassendiagramme zur Kontextabgrenzung zu verwenden. Stellen Sie dabei Ihr System durch eine zentrale Klasse als Black Box dar. Alle anderen Nachbarsysteme, zu denen das System eine Beziehung unterhält, werden durch Klassen repräsentiert und z.B. als <<Device>> order <<Sensor>> stereotypisiert. Verwenden Sie Klassendiagramme dann zur Kontextabgrenzung, wenn Sie die logischen Ein- und Ausgaben frühzeitig festlegen wollen.

Im Rahmen von ARTE können Sie auch ein Sequenzdiagramm zur Kontextabgrenzung nutzen, indem Sie Ihr System und alle Nachbarsysteme als Objekte modellieren, die Nachrichten untereinander austauschen. Dabei kann die Reaktion des Systems auf externe Ereignisse, Ein- und Ausgaben (als Parameter) sowie zeitliche Zusammenhänge spezifiziert werden. Sequenzdiagramme sind laut ARTE für RTE-Systeme dann sinnvoll, wenn Ihr System wenig unterschiedliche und bereits fest definierte Kommunikationsabläufe mit seiner Umwelt besitzt oder wenn signifikante Zeitanforderungen vorliegen, um die das Diagramm zu einem späteren Zeitpunkt einfach ergänzt werden kann.

Taskmodellierung

Der Prozess des Architekturentwurfs lässt sich grob in drei wesentliche Tätigkeiten unterteilen:

- Bündeln nach Verteilungskriterien (Standort, Rechner, Platine)
- Finden von aktiven und passiven Komponenten (dynamische Pakete von Objekten)
- Strukturbildung innerhalb einer Komponente

Die Reihenfolge Ihres Vorgehens bei diesen Tätigkeiten können Sie gemäß ARTE selbst auf Ihr Projekt zugeschnitten wählen.

Wenn Sie eher ein Bottom-up-Vorgehen wählen, stehen Ihnen als Ergebnis der Anforderungsanalyse die essenziellen Aktivitäten und Daten Ihres Systems zur Verfügung. Sie können dann bei der **Taskmodellierung** aus Ihren logischen Systemprozessen die Tasks bilden und anschließend auf verschiedene Knoten verteilen. Schon bei der ersten Bündelung von Klassen zu größeren Einheiten können Sie auf Randbedingungen wie Antwortzeiten, Sicherheit, Speicherbegrenzungen oder Übertragbarkeitsanforderungen stoßen, die Sie möglicherweise zu einer anderen Aufteilung der Komponenten- und der Taskstruktur zwingen, als es aus logischen und/oder fachlichen Gesichtspunkten sinnvoll wäre.

Daher betrachten Hruschka und Rupp einen weiteren Ansatz, den Top-down-Entwurf für das Design von RTE-Systemen. Anstelle eines systematischen Aufbaus aus funktionalen Anforderungen wird dabei die Architektur eher aus Randbedingungen und Qualitätsanforderungen hergeleitet, und es werden grobe Entwurfsentscheidungen vorgegeben.

Das Vorgehen beim Erstellen der Architektur umfasst dann folgende Schritte:

1. Verteilung entscheiden
2. Tasking entscheiden
3. Innenleben ausfüllen

Die Verteilung können Sie dabei mittels Verteilungsdiagramm modellieren. Der ARTE-Ansatz empfiehlt Ihnen, die Verteilung aber nur so weit zu modellieren, wie es für die Zuordnung der Softwarekomponenten zu den Knoten notwendig ist. Falls für die Softwareentwicklung nötig, sollten Sie die entsprechenden Knoten und Verbindungen zusätzlich natürlichsprachlich beschreiben.

Durch die Kontextabgrenzung haben Sie schon einige Vorarbeit für das Finden und Modellieren der Prozesse geleistet. Sie können dafür die Kontext- und Use-Case-Modelle auswerten. Dabei helfen Ihnen Hruschka und Rupp in [HR/RU02] mit Kriterien und Tipps für die Bildung von Tasks.

Wenn an Ihr System starke Randbedingungen, beispielsweise bezüglich der geografischen Verteilung oder der einzusetzenden Hardware, gestellt werden, wird ein top-down-getriebenes Vorgehen im Vordergrund stehen. Haben Sie diese Randbedingungen nicht, können Sie auch eher Bottom-up vorgehen. ARTE empfiehlt Ihnen, in der Praxis beide Ansätze zu mischen: So sind Sie in der Lage, einerseits frühzeitig mit Architekturüberlegungen zu beginnen, was gerade bei den technologielastigen RTE-Systemen notwendig ist, andererseits jedoch systematisch aus den funktionalen Anforderungen nur die Teile für Ihr System ableiten, die wirklich gebraucht werden.

Zusammenfassung

Im Gegensatz zu „reinen Softwareprojekten“ spielen bei Embedded Systems fachliche und technische Modelle neben der Hardware und Software des Zielsystems eine gravierende Rolle für die Gestaltung von Produktlinien, die Wiederverwendung von Konzepten und Lösungen und somit für die Kosten der Produktentwicklung. Durch einen zweistufigen Gesamtrahmen (System und Softwareebene) und die strikte Unterscheidung zwischen Problemstellung und Lösung gibt ARTE die vier Hauptergebnisse für die Systementwicklung vor: System- und Software Requirements, sowie System- und Softwarearchitekturen. Für deren inhaltliche Ausgestaltung, deren Umfang und deren Präzision lässt ARTE viele alternative Wege, Methoden und Praktiken zu.

Neben den beschriebenen Prozessen werden noch x weitere Aktivitäten auf der Systemebene und y Aktivitäten auf der Softwareebene beschrieben, um die drei Gehirne zu füllen. Da es sich bei den vermittelten Best Practices um Erfahrungswerte aus dem Bereich technischer Projekte handelt, ist der Nutzen dieses Vorgehensmodells für diesen Bereich natürlich besonders hoch. Aber auch für Projekte aus anderen Bereichen lohnt sich ein Blick in die Best Practices dieses sehr ergebnisorientierten Vorgehens.

Der Rational Unified Process (RUP®)

Von Markus Reinhold

Wie funktioniert der agile Einsatz des Rational Unified Process (RUP®)? Das folgende Kapitel liefert hierzu Hilfestellung und gibt einen Überblick über IBMs RUP aus der Sicht agiler Entwicklung.

Historisch betrachtet liegen die Wurzeln des RUP bei der Entwicklung der UML (Unified Modeling Language). Der ursprüngliche Anspruch der UML war die Entwicklung einer Notation inkl. eines Prozesses. Dieser Anspruch wurde jedoch auf den reinen Notationsanteil reduziert. Somit fehlte jedoch das Element, welches die Anwendung der UML im Kontext von IT-Projekten erläutert. Diese Lücke wurde später durch den Softwareentwicklungsprozesses *Objectory* von Ivar Jacobson gefüllt, dessen weiterentwickelte Form heute unter dem Namen RUP bekannt ist.

Als erste Informationsquelle zu diesem Entwicklungsansatz eignet sich im Besonderen das Buch von Per Kroll und Philippe Kruchten [Kruchten03], in dem eine Einführung in die unterschiedlichen Bausteine des RUP gegeben wird. Als detailliertere und aktualisierte Informationsquelle steht der RUP als Produkt der Firma IBM Rational Software in HTML-Form zur Verfügung [IBM Rational Software]. Dieses Produkt umfasst mehrere tausend HTML-Seiten und wird in regelmäßigen Zyklen von ca. sechs Monaten weiterentwickelt. Es liefert seit der Version 2002 auch Aussagen zum Thema agile Vorgehensweise.

Die duale Prozessarchitektur

Der Aufbau des RUP stützt sich – wie viele andere Entwicklungsansätze – auf die drei Kernkonzepte: *Rollen*, *Aktivitäten* und *Ergebnisse* (Artefakte) oder anders ausgedrückt: „*Wer* erzeugt *wie welches* Ergebnis?“ Die Aktivitäten und Ergebnisse fasst der RUP in Tätigkeitsbereiche zusammen (z.B. Anforderungen, Analyse & Entwurf und Implementierung). RUP nennt diese Tätigkeitsbereiche *Disziplinen*. Neben den Kerndisziplinen gibt es noch sogenannte Unterstützungsdisziplinen wie Konfigurationsmanagement und Projektmanagement (siehe folgende Abbildung der Dualen Prozessarchitektur).

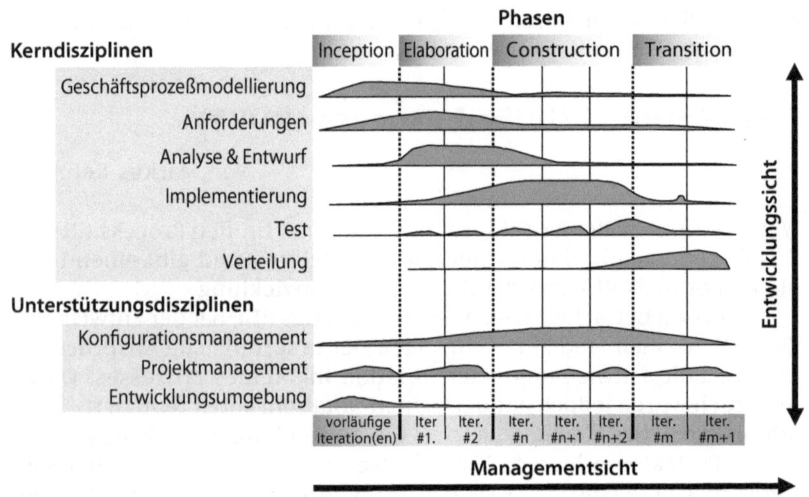

Der RUP bietet dem Anwender ausgeprägte Unterstützung in den Tätigkeitsbereichen Anforderungen und Analyse & Entwurf. Im Gegensatz hierzu finden Sie aber auch Entwicklungsansätze, die stärker auf die Realisierung fokussieren. Das bedeutet nicht, dass die anderen Tätigkeitsbereiche nicht berücksichtigt werden. Im extremsten Fall werden jedoch die Tätigkeitsbereiche Anforderungen und Analyse & Entwurf als begleitende Aktivitäten zu der Realisierung im Projekt in einer eher spontanen Form umgesetzt. Der populärste Vertreter dieses Entwicklungsansatzes ist sicherlich ***eXtreme Programming***. Entwicklungsansätze wie z.B. ***Crystal Family*** verfolgen eher einen ausgewogenen Ansatz.

Eine Besonderheit des RUP ist die **duale Prozessarchitektur** (Managementsicht versus Entwicklungssicht). Die uns eher geläufige Entwicklungssicht beschreibt in einer Art Aufzählung, allerdings ohne festen Bezug zur Zeitachse, die einzelnen durchzuführenden Tätigkeiten, die in sachlogische Gruppen (Disziplinen), wie z.B.

„Anforderungen“ oder „Analyse & Design“, zusammengefasst wurden. Die Managementsicht andererseits beschreibt die planungstechnischen Aspekte und umfasst somit Aussagen zu Phasen, Iterationen und Meilensteinen.

Besonderheiten der Management-Sicht

Erst die Aufteilung in diese zwei Dimensionen ermöglicht eine flexible Umsetzung des RUP im konkreten Projekt. Wichtig hierbei ist, dass die Managementsicht bzgl. der Meilensteine eine *inhaltlich qualitative* Kopplung zu den Ergebnissen der Entwicklungssicht (Anforderungsmodell, Designmodell etc.) hat und keine *quantitative*. D. h., der Projektfortschritt wird nicht an der Fertigstellung von Dokumenten und Modellen gemessen, sondern an deren Eignung, eine tragfähige Basis für weitere Entscheidungen zu bilden.

So ist das Ziel der ersten Phase (Inception) ein einheitliches Verständnis bzgl. der Projektziele (Systemgrenzen, wirtschaftlicher Nutzen etc.) unter allen beteiligten Stakeholdern zu erreichen. Am Ende dieser Phase wird entschieden, ob es überhaupt zu einem Projekt kommt. Das Ziel der zweiten Phase (Elaboration) ist die Definition einer trägfähigen Architektur als Fundament für die eigentliche Konstruktion (dritte Phase) des Systems unter Berücksichtigung der Systemgrenzen, Kernfunktionalitäten, Qualitätseigenschaften sowie Risiken. Zur Erreichung dieser Ziele ist es jeweils notwendig, bestimmte Ergebnisse aus der Entwicklersicht in einer bestimmten Qualität zur Verfügung zu stellen. Zur Erstellung einer tragfähigen Architektur kann z. B. eine prototypische Realisierung bestimmter Aspekte absolut notwendig sein.

Hier ist eine deutliche Abkehr von Planungsansätzen zu erkennen, bei denen (häufig erfolglos) versucht wird, den Projektfortschritt und das Risiko anhand der sequentiellen Fertigstellung von Ergebnissen (Anforderungsdokument – Analysedokument – Designdokument etc.) zu messen bzw. zu kontrollieren.

Der RUP als Buffet

Um die konkrete Einsetzbarkeit des RUP beurteilen zu können, ist es wichtig, einige Rahmenbedingungen zu kennen, die für seinen agilen Einsatz grundsätzlich ausschlaggebend sind:

- Beim RUP handelt es sich um ein Prozess-Framework, welches auf die Entwicklung von *Software* fokussiert und weniger auf Systementwicklung (Hardware + Software).

- Der RUP enthält als inhärenten Kern die *UML* und stützt sich somit stark auf das *objektorientierte Paradigma.*
- Durch den Framework-Charakter ist der RUP bis zu einem gewissen Grad unabhängig von Aspekten wie Projektgröße, eingesetzte (objektorientierte) Sprache, Domäne oder Vertragsmodell (z.B. Festpreis).
- Der RUP ist keine geschlossene und vollständige Beschreibung aller Aspekte im Kontext der Softwareentwicklung, sondern eher ein *offenes* Prozess-Framework.

Als Analogie könnte man das Thema Essen heranziehen. Der RUP entspricht keinem fertigen Menü, sondern stellt eher eine Art Buffet dar. Er enthält eine Vielzahl von Aperitifs, Vorspeisen, Hauptgerichten und Desserts. Dies entspricht der Anzahl und Inhalte der Disziplinen (Entwicklungssicht). Die Reihenfolge und Menge der verzehrten Speisen und Getränke vom Buffet ist ein Planungsergebnis (Managementsicht). Was glauben Sie, was passiert, wenn Sie versuchen, das ganze Buffet leer zu essen?

Vom Buffet zum Menü

Entwicklungsansätze wie der RUP, die alle Tätigkeitsbereiche der Entwicklungssicht berücksichtigen, erscheinen auf den ersten Blick als sehr umfassend und somit als die beste Wahl. Diese pauschale Einschätzung berücksichtigt jedoch nicht die projektspezifischen Charakteristika wie z.B. Projektgröße, Themenbereich (Domäne), Persönlichkeitsstruktur der Mitarbeiter, Qualifikationslevel der Mitarbeiter, Stabilität der Anforderungen oder Kritikalitäten. Wie bereits erwähnt, haben diese Charakteristika einen bestimmenden Einfluss auf den Entwicklungsansatz.

Im Kontext von hochkritischen Anwendungen, wie z.B. bei der Steuerung von Kernkraftwerken oder in kritischen Bereichen der Medizintechnik, kommen somit fast automatisch Entwicklungsansätze mit Schwerpunkt in den Tätigkeitsbereichen Anforderungserhebung und -verwaltung, Analyse und Design (z.B. RUP oder V-Modell) zum Einsatz. Diese Differenzierung könnte zu dem Schluss führen, dass Entwicklungsansätze wie z.B. RUP in bestimmten Situationen eher ungeeignet sind, da Sie hier überdimensioniert erscheinen. Diese Annahme wäre jedoch nur korrekt, wenn es sich hier um eine unveränderbare *Instanz eines Entwicklungsansatzes* handeln würde. Viele der heutigen sogenannten schwergewichtigen Entwicklungsansätze haben jedoch eher einen *Framework-Charakter.*

Die Kunst besteht also darin, eine geeignete Teilmenge des Gesamt-Frameworks für ein anstehendes (oder laufendes) Projekt auszuwählen oder auch fehlende Teile zu ergänzen. D.h., die kritischste Aufgabe der Organisation bzw. des Projekts ist die Anpassung des RUP auf die Teile, die den meisten Mehrwert innerhalb der spezifischen Rahmenbedingungen liefern. Das entstehende Ergebnis wird ***Development Case*** genannt und ist somit eine Art konkretisierte Form des Gesamt-Frameworks, allerdings immer noch mit Framework-Charakter.

Wie unterstützt nun aber der RUP die Zusammenstellung dieses magenfreundlichen Menüs namens Development Case? Folgende Tipps sollen Ihnen hierbei helfen:

- Erstellen Sie nur die Artefakte, die wirklich notwendig sind. Dies kann durch die Suche nach Sponsoren für jedes Artefakt unterstützt werden. Kein Sponsor, kein Artefakt.
- Konzentrieren Sie sich auf wertvolle Ziele und verschwenden Sie nicht zu viel Zeit mit dem Weg.
- Konzentrieren Sie sich immer auf die größten Risiken.
- Entwickeln Sie iterativ und lernen Sie aus den Fehlern.
- Flexibilität geht über Planverfolgung.
- Etablieren Sie messbare und sinnvolle Fortschrittskontrollen. (Die Fertigstellung von Dokumenten ist in der Regel keine sinnvolle Fortschrittskontrolle!)
- Betrachten Sie den RUP weder als Dogma noch als Religion.

Diese Anpassungsarbeit wird im RUP explizit in der Disziplin „Entwicklungsumgebung“ (siehe obige Abbildung der Dualen Prozessarchitektur) unterstützt. D.h., der RUP selbst liefert Rollen, Aktivitäten und Ergebnisse und geeignete. Tipps und Hinweise, um das Framework situationsgerecht anzupassen und somit eine agile Anwendung zu ermöglichen. Zwei weitere Tipps, um die Magenverträglichkeit des Ergebnisses zu fördern:

- Verwenden Sie einen Bottom-up-Ansatz, d.h., definieren Sie einen minimalen Kernprozess und führen Sie die Prozessanpassung in kontrollierten Iterationen parallel zum Projekt durch. Diese im RUP bekannte Vorgehensweise gibt es auch in eXtreme Programming und wird dort „Tuning Workshop“ genannt. Durch diese Bottom-up-Strategie wird vermieden, dass „vorsichtshalber“ das ganze Buffet auf den Teller geladen wird (man könnte ja später noch Hunger bekommen). Vergessen Sie nicht, dass Sie jederzeit zum Buffet zurückkehren und sich noch weitere Dinge holen können, falls es die Situation erfordert.
- Das Kernelement eines Minimalprozesses sollte eine kontinuierlich gepflegte Risikoliste sein. Mit Hilfe dieser Liste ist es möglich, sich vom Buffet weitere Dinge („Komponenten“) frei Haus liefern zu lassen, um den Risiken entgegenzuwirken.

Mit Hilfe dieser Strategie können Sie eine der Hauptforderungen der agilen Entwicklung (***travel light***) umsetzen, ohne auf die bewährten Techniken (die auf dem Buffet weiterhin zu Ihrer Verfügung stehen) verzichten zu müssen.

Von den sechs ***Best Practices*** im RUP hat die Forderung nach *iterativer Entwicklung* den größten Einfluss auf das Thema Agilität. **Iterative Entwicklung** ist die Grundlage für die frühzeitige Adressierung von Risiken, die wiederum als Treiber für die Rückkehr an das Buffet dienen. Auf diese Art und Weise entwickelt das Projekt nicht nur das Softwaresystem, sondern auch das passende Projektvorgehen auf eine iterative Art.

Somit ist gewährleistet, dass die spezifischen Projektcharakteristika, auch wenn sich einige erst im Projektverlauf herauskristallisieren, den Entwicklungsprozess formen. Das Projekt führt und der Prozess unterstützt – und nicht umgekehrt.

Die sechs Schlüsselprinzipien des RUP

Grundsätzlich ist der heutige RUP deutlich stärker als Baukastensystem (Framework) zu erkennen, als dies noch vor einigen Jahren der Fall war. Allein durch die explizite Bereitstellung von mehreren beispielhaften Menüvorschlägen, wie z.B. *RUP für kleine Projekte* oder *RUP für große Projekte,* sowie der Bereitstellung diverser Erweiterungsmodule (PlugIns), z.B. für *SOA* (Service Orientierte Architektur), *SE* (Systems-Engineering-System of Systems) oder *Einsatz von COTS* (commercial off-the-shelf) *Produkten,* ist dies inzwischen sehr klar erkennbar.

Ein weiterer Schritt in Richtung Flexibilisierung wurde durch das Konzept der sogenannten **steckplatzbasierten Prozessanpassung mittels Praktiken** erreicht. Der Grundgedanke hierbei ist, dass bei der Ausgestaltung des konkreten Entwicklungsprozesses für ein Projekt / eine Organisation auch aus alternativen Praktiken für einen bestimmten Aspekt (Steckplatz) ausgewählt werden kann. Als Beispiel sei hier der Steckplatz *Requirement* genannt, der mit Hilfe von Praktiken, wie z.B. *Use Case getriebene Entwicklung* oder auch *User Stories* (User Stories werden in Extreme Programming (XP) zusammen mit Akzeptanztests zur Spezifikation von Anforderungen eingesetzt), konkret ausgestaltet werden kann.

Durch die Missinterpretation des RUP („one size fits all") in den ersten Jahren wurden jüngst eine Menge von sogenannten **Schlüsselprinzipien** in den Vordergrund gestellt, die zu einer effizienten Nutzung des RUP beitragen sollen:

- *Passe den Prozess an*
  Beispielmenüs sind ein hilfreicher *Startpunkt*. Es ist jedoch sehr wichtig zu erkennen, dass nichts in Stein gemeißelt ist.
- *Wäge die Prioritäten der verschiedenen Stakeholder ab*
  Die explizite Berücksichtigung von Business-/Stakeholder-Zielen bei der Bewertung von konkurrierenden bzw. sich widersprechenden Anforderungen ist ein essentielles Mittel um den Mehrwert der Lösung im Auge zu behalten.
- *Verstärke die inhaltliche Zusammenarbeit im Gesamtteam*
  Unterstützung auf menschlicher, organisatorischer und infrastruktureller Ebene sind wichtige Schritte um ein erfolgreiches Projekt zu ermöglichen.
- *Weise den (Mehr-)Wert in iterativen Schritten nach*
  Eine kontinuierliche Einbindung der Stakeholder sowie deren Feedback bei der Erstellung der Lösung in „kleinen" Schritten ermöglich eine Optimierung der Lieferqualität.
- *Erhöhe den Abstraktionslevel*
  Erst die situationsgerechte Nutzung von geeigneten Abstraktionsmitteln, wie z. B. Modellen, Metaphern, Pattern, Frameworks, ermöglicht eine effiziente Diskussion und anschließende Entscheidung auf verschiedenen Architekturebenen.
- *Fokussiere kontinuierlich auf Qualität*
  Iterative Entwicklung heißt auch iterative Qualitätssicherung oder noch besser kontinuierliche Qualitätssicherung. Die Anwendung des iterativen Gedankens beschränkt auf die reine Codierung (ohne Test und Integration) führt in der Regel zu keinem nennenswerten Vorteil.

Fazit

Was zeichnet einen agilen Entwicklungsansatz aus? Bedeutet agil immer „leicht" oder doch eher „so leicht wie möglich aber doch so schwer wie nötig"?

Wenn Agilität nichts Absolutes, sondern etwas Relatives ist, stellt sich die Frage sofort in einem anderen Kontext. „Wie agil ist ein Entwicklungsansatz unter Berücksichtigung der Projektcharakteristika?" oder anders ausgedrückt, „wie leicht lässt sich ein Entwicklungsansatz an unterschiedliche Projektcharakteristika anpassen?", denn wir wissen, dass der Ansatz „one size fits all" in diesem Kontext nicht funktioniert.

Ein Prozess kann sich natürlich nicht selbst anpassen. Dies ist immer die Aufgabe von Menschen, die entsprechende Entscheidungen treffen müssen. Bei diesen Entscheidungen unterliegen die Menschen jedoch gewissen Zwängen. Somit wird die Frage der Agilität zu einer *kulturellen* bzw. *organisatorischen Angelegenheit.*

Die ursprüngliche Frage nach den Erkennungsmerkmalen eines agilen Prozesses lässt sich somit beantworten:

Agilität ist eine Eigenschaft einer Organisation und charakterisiert die Fähigkeit dieser Organisation, sich an ändernde Rahmenbedingungen schnell und zielgerichtet anpassen zu können. Ein agiler Prozess unterstützt diese Fähigkeit aktiv.

Ist nun ein explizit definiertes Prozess-Framework wie der RUP hierfür besser oder schlechter geeignet als eher minimale Prozess-Frameworks oder sogar Prozessinstanzen? Manch anderer Vertreter der agilen Prozesse beschränkt die Hilfestellung auf eine Menge von abstrakten Tipps und Hinweisen. Dies hat den Vorteil, dass die Projektbeteiligten sich wirklich permanent und intensiv mit der konkreten Ausgestaltung des gelebten Prozesses auseinandersetzen müssen, setzt jedoch eine erhebliche Erfahrung in diesen Dingen voraus. Somit rückt der (erfahrene) Mitarbeiter stärker in dem Mittelpunkt. Diese erfahrenen Mitarbeiter bedienen sich quasi von einem unsichtbaren Buffet, um in entsprechenden Situationen Herren der Lage zu bleiben. Nun bleibt also die Frage zu klären, was ist besser: ein unsichtbares Buffet oder ein sichtbares? Eine Gefahr besteht bei den sichtbaren Buffets wie z. B. dem RUP: Die Menge der verlockenden Speisen verleitet zu Völlerei und führt bei „sinnlosem“ (in der Praxis jedoch häufig genauso geplantem) in sich Hineinstopfen meist zur Kolik. Ein vollständig definierter Prozess (bzw. Prozess-Framework) führt nicht automatisch zu besseren Ergebnissen. Die Leistung wird letztlich von den Mitarbeitern erbracht und nicht vom Prozess.

eXtreme Programming (XP)

Die Ideen zu eXtreme Programming (XP) stammen aus der Feder von Ward Cunningham und Kent Beck, Branchengurus für objektorientierte Systementwicklung, denen wir übrigens auch die CRC-Karten, die ersten Patterns, die testgetriebene Entwicklung, das Responsibility-Driven Design sowie Teile der bekannten Unit-Test Frameworks XUnit verdanken! XP besteht aus einer Reihe einfacher, aber eng zusammengehöriger Praktiken. Ziele dieser Praktiken sind hohe Produktqualität, frühzeitiges Feedback, effizienter Wissenstransfer im Team sowie Flexibilität und Änderbarkeit der erstellten Systeme.

Auch wenn der Name „eXtreme Programming" bei Ihnen vielleicht den Beigeschmack von Anarchie und wildem Hackertum hervorruft – in Wirklichkeit gehört XP zu den sehr strengen und disziplinierten Entwicklungsprozessen, die genaue Vorgaben über einzelne Planungs- und Entwicklungsaktivitäten machen. Manche Kritiker werfen (in der Regel aus Unkenntnis oder mangelnder XP-Erfahrung) dem eXtreme Programming einen Mangel an Formalismus vor, der (angeblich) in laufender, aber undokumentierter Software endet. Am Ende dieses Abschnitts gehen wir auf dieses und weitere vermeintliche Mankos kurz ein.

XP als Methode eignet sich für kleinere bis mittlere Teams, mit unserer Erfahrung nach bis zu 15 Personen. Für wesentlich größere Entwicklungsprojekte liegen bisher nur wenige praktische Erfahrungen mit XP vor. In manchen unserer Projekte konnten wir jedoch in größeren Teams einzelne Praktiken von XP mit großem Erfolg einsetzen, beispielsweise das Planungsspiel mit iterativem Vorgehen, die kontinuierliche Integration und die testgetriebene Entwicklung.

Die Praktiken von XP

XP ist ein iteratives Verfahren. Es teilt die Entwicklung in Iterationen von etwa zwei Wochen Dauer ein – in Ausnahmefällen auch länger. Versuchen Sie es in Ihren Projekten mit Iterationsdauern von zwei bis drei Wochen und lassen Ihr Team darüber entscheiden, wie lang Iterationen in Ihrem Fall sinnvoll sind. Nachfolgend zeigen wir Ihnen die wesentlichen Praktiken von XP auf.

Planungsspiel: Es wird im gesamten Projektverlauf kontinuierlich geplant. In jeder Iteration schätzen die Entwickler die Kosten und Risiken der zu entwickelnden Features. Ihre Kunden wählen auf Basis dieser Schätzungen sowie des geschäftlichen Wertes der Features aus, was in der kommenden Iteration entwickelt werden soll.
Akzeptanztests: Ihre Kunden beschreiben mit dem eigentlichen Feature auch, wie automatische Akzeptanztests dazu aussehen sollen. Somit haben Sie für die Entwicklung einen direkten und nachvollziehbaren Maßstab für Erfolg.
Einfaches Design: Das Entwicklungsteam hält das Design des Systems so einfach wie möglich. Es sollte für die Eigenschaften der aktuellen Iteration geeignet sein und nicht für alle die Dinge, die vielleicht

in der Zukunft noch kommen. Das Design (und der Code) erfüllen 100 % aller Tests und sind so schlank wie möglich.

Programmierung-in-Paaren (Pair Programming): Jegliche produktive Software wird von zwei Programmierern zusammen entwickelt, die nebeneinander an einer einzigen Tastatur sitzen. In [Eckstein03] verdeutlicht Jutta Eckstein den Zweck dieser Praktik durch den Begriff des kontinuierlichen Reviews (Continuous Review). Unserer Meinung nach entspricht die Programmierung-in-Paaren dem guten alten Vier-Augen-Prinzip.

Test-getriebene Entwicklung: Die Programmierer schreiben zuerst Testfälle und danach den Code. Sie arbeiten in kurzen Zyklen, ihre Tests unterstützen sie beim Refactoring der Programme.

Refactoring: Programmierer versuchen kontinuierlich den Code zu verbessern, ihn sauber und präzise zu halten.

Kontinuierliche Integration: Das gesamte System wird mindestens täglich integriert. Es darf nur Code übernommen werden, wenn alle Testfälle weiterhin funktionieren.

Ergebnisse-gehören-allen (*Collective Ownership*): Jedes Paar von Programmierern darf jedes Ergebnis (Code und Dokumente) jederzeit ändern, verbessern oder erweitern. Ursprünglich hatten Cunningham und Beck diese Praktik übrigens Collective Code Ownership genannt – es bezog sich seinerzeit nur auf Quellcode.

Programmierstandard *(Coding-Standard)*: Sämtliche Programme folgen einem einheitlichen Programmierstil und Konventionen, die das gesamte Team akzeptiert.

Metapher: Das Entwicklungsteam verfolgt eine gemeinsame Vision, wie das System arbeiten soll.

Langfristig-erträgliche-Arbeitsgeschwindigkeit *(Sustainable Pace)*: Das Team kann die Arbeitsleistung über einen beliebig langen Zeitraum halten. Überstunden sollten die Ausnahme sein.

Einige dieser Praktiken werden beim ersten Lesen sicherlich Zweifel und Kopfschütteln hervorrufen. Unsere Kunden hatten beispielsweise mit dem einfachen Design oder dem Pair-Programming oftmals Akzeptanzprobleme. Kent Beck sagt über die XP-Praktiken, dass sie als Ganzes angewendet am besten funktionieren. Wir sehen das jedoch ganz pragmatisch: Wenn Sie in Ihren Projekten einzelne der XP-Praktiken modifizieren – auch gut. Behalten Sie möglichst viele Praktiken unverändert – und erhalten Sie in jedem Fall die kooperative und zielgerichtete Grundhaltung von XP.

Zwei der XP-Praktiken stellen wir Ihnen weiter unten genauer vor, die Test-getriebene Entwicklung sowie das Planungsspiel vor. Falls Sie mehr wissen möchten: [Beck00] beschreibt XP sehr motivierend und eingängig. Falls Sie XP für Ihre Projekte in Erwägung ziehen, sollten Sie dieses Buch lesen und auf Ihren Schreibtisch deponieren und es am besten sogar zu Projektbeginn allen Beteiligten schenken, es lohnt sich!

Rollen bei XP

Eine Besonderheit von XP-Projekten stellt die Ausgestaltung einiger zentraler Rollen dar. Insbesondere zählen dazu der Kunde, die Entwickler sowie in der Regel der XP-Coach. Im Gegensatz zu konventionellen Projekten fordert XP möglichst die permanente Anwesenheit eines Kunden oder eines entsprechend kundigen Vertreters in räumlicher Nähe zum Entwicklungsteam. Dieser sogenannte *onsite customer* klärt sämtliche geschäftlichen Fragen, die während der Entwicklung aufkommen. Insofern ergänzt (oder ersetzt) er herkömmliche Fachkonzepte. Kunden nehmen an jeder Iterationsplanung teil. Sie entscheiden dabei, welche Features oder Programmeigenschaften entwickelt werden sollen.

Der XP-Coach unterstützt das gesamte Entwicklungsteam in methodischen Fragen. Er (ok – Sie haben recht: Häufig muss es „Sie" heißen) bringt das Team dazu, die richtigen Entscheidungen zu treffen und die richtigen Dinge zu tun. In der Regel trifft der Coach keine Entscheidungen selber, sondern gibt Anregungen und stellt Fragen. Dazu gibt Kent Beck den Ratschlag, der Coach möge für ausreichende Mengen an Knabberzeug sorgen ☺.

In XP-Projekten planen

Konventionelle Pläne versuchen häufig, die Zukunft vorherzusagen. Über lange Zeiträume, oftmals Jahre, werden (vermeintlich) auf Stunden genau Aktivitäten und Aufgaben geplant. In der Softwarebranche funktioniert diese Art der Planung praktisch niemals; ein Grund, warum immer noch so viele IT-Projekte ihre Termine oder ihre Budgets überschreiten.

XP geht einen völlig anderen Weg, indem Planung zur kontinuierlichen Aktivität wird. Jede Iteration wird auf Basis der Erfahrung der vorigen Iterationen geplant. Kein Plan reicht unrealistisch weit in die Zukunft. XP beteiligt das gesamte Entwicklungsteam an der Iterationsplanung und der leidigen Aufwandsschätzung. Dadurch können sich Mitarbeiter sehr gut mit Iterationsplänen identifizieren, was zur Motivation des Teams beiträgt.

Uns hat in der Praxis das Buch von Kent Beck und Martin Fowler [BeckFow01] bei der Planung von XP-Projekten sehr geholfen. Es beschreibt den Planungsprozess verständlich und angemessen detailliert, sodass Sie „direkt loslegen" können. Zusätzlich finden Sie darin viele anschauliche Beispiele von Plänen und Planungen.

Test-getriebene Entwicklung

XP hat im Punkt Produktqualität einen sehr einfachen Anspruch: „Clean code that works" – so wird Ron Jeffries in [Beck03] von Kent Beck selbst zitiert. XP lässt in dieser Hinsicht keine Kompromisse zu: Zu jeder (nicht trivialen) Methode sollen Entwickler automatische Testfälle schreiben. Alle XUnit-Benutzer unter Ihnen kennen den markanten Slogan dieser (aus unserer Sicht genialen) Test-Frameworks: „Keep the bar green to keep the code clean!" Er bezieht sich auf die Rückmeldung, die diese Frameworks Ihnen zum Erfolg Ihrer Testfälle geben: Ein grüner Balken bedeutet, dass alle Tests erfolgreich durchgelaufen sind.

Die Test-getriebene Entwicklung (Test-Driven Development, TDD) geht hierbei noch einen kleinen Schritt weiter: Entwickler schreiben Testfälle grundsätzlich vor dem eigentlichen Code. Falls Sie das im ersten Augenblick für übertrieben halten, so lassen Sie uns einige Vorteile dieses Ansatzes darstellen:

- Sie wissen genau, wann Sie mit der Implementierung fertig sind – wenn nämlich alle Ihre Testfälle erfolgreich ablaufen.
- Sie werden über Ihren eigenen Code eine Menge lernen – und die Testfälle helfen Ihnen beim Refactoring, dem gezielten Verbessern und Verändern.
- Testfälle schreiben zu können bedeutet, die Anforderungen an Ihren Code verstanden zu haben. Wir haben erstaunliche Dinge in Projekten bemerkt, während unsere Programmierer versuchten, Testfälle zu schreiben: Sie begannen, die Spezifikationen genau zu lesen. Ok – das hätten sie auch vorher tun sollen. Hatten sie aber nicht...
- Ihre Qualitätssicherer werden Sie dafür lieben – auch wenn für die QS bei diesem Vorgehen mit großer Wahrscheinlichkeit weniger (triviale) Fehler übrig bleiben.

Die Grundidee des TDD stimmt übrigens mit einer der wichtigsten Regeln der agilen Entwicklung überein: frühes Feedback. Je eher Sie als Entwickler ein Feedback über Implementierungsentscheidungen erhalten, desto besser. Ihre Entscheidungen und Entwürfe werden mit TDD in kleineren Schritten wachsen – und jeder dieser Schritte wird durch automatische Testfälle begleitet. Wir wollen in diesem Buch keine komplette Einführung in TDD geben, aber folgende Tipps sollen Ihnen die ersten Schritte erleichtern:

- Beschaffen Sie sich für Ihre Programmiersprache einen der XUnit-Frameworks (also beispielsweise JUnit für Java, NUnit für dotNET-Sprachen, perunit für Perl, cppunit für C++ usw.). Wahrscheinlich können Sie sich nicht herausreden, für Ihre Sprache gäbe es kein solches Framework: Die Webseite www.xprogramming.com/software.htm wird Sie vom Gegenteil überzeugen!
- Red: Schreiben Sie einen kleinen Testfall. Der wird nicht funktionieren, häufig erst gar nicht übersetzbar sein, weil es ja noch keinen Code der eigentlichen Anwendung gibt. Der Balken (des Test-Frameworks) ist rot.
- Green: Sehen Sie zu, dass Sie den Test so schnell wie möglich lauffähig bekommen – auch wenn Sie dabei einige Programmiersünden begehen müssen, wie Kent Beck es in [Beck03] formuliert. Der Balken wird grün.
- Refactor: Als nächstes säubern Sie Ihren neu geschriebenen Code von möglichen Sünden, Redundanzen oder Unklarheiten. Dank der Tests besteht keinerlei Risiko: Sie merken sofort, wenn Sie beim Umbau einen Fehler begehen, weil der Balken sich sofort rot färbt.
- Unit-Tests sind eine Versicherung gegen zukünftige Änderungen Ihrer Programme. Wenn Sie heute in Unit-Tests investieren, werden Ihnen spätere Änderungen *erheblich* leichter fallen und sind weniger riskant.
- Beachten Sie auch hier die Angemessenheit der Mittel: Sie sollten Unit-Tests mit Augenmaß einsetzen. Testen Sie keine Trivialitäten und halten Sie die Architektur Ihrer Unit-Tests sauber. Das geniale Buch [Meszaros07] hilft Ihnen dabei (aber Vorsicht – es ist wirklich umfangreich!).

Wir haben in Projekten die Erfahrung gemacht, dass auch hartnäckige Testgegner das durch TDD gestiegene Vertrauen in den eigenen Code nach kurzer Zeit zu schätzen lernen. Vielleicht werden Sie in der harten Praxis von Nicht-XP-Projekten nur für die kritischen oder wichtigen Teile Ihres Codes nach TDD vorgehen, aber Sie werden das gute Gefühl des grünen Balkens garantiert nicht mehr missen wollen.

Frühe Überprüfung mit Unit-Tests bringt Ihnen noch einen weiteren Vorteil: Eine Testklasse in der testbasierten Entwicklung ist gleichzeitig der erste Design-Review für Ihren noch zu schreibenden Quellcode: Im Design oder der Architektur haben Sie sich Gedanken über den Aufbau Ihrer Komponenten gemacht. Erst in der Programmierung jedoch müssen Sie sämtliche Detailentscheidungen fällen –

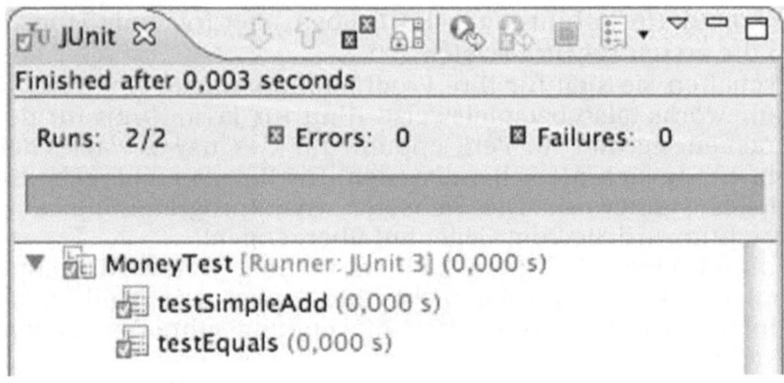

etwa über die Aufteilung von Verantwortlichkeiten auf verschiedene Methoden, die Reihenfolge und Benennung von Parametern usw.

Ein programmierter Unit-Test zeigt Ihnen unmittelbar, wie sich dieses detaillierte Design *anfühlt*, wie andere Klassen oder Methoden die neu zu erstellenden Programmteile später benutzen müssen. Wenn Sie die Testfälle wirklich vor den eigentlichen Programmteilen erstellen, können Sie Ihre Designentscheidungen während der Erstellung der Tests fällen. Jimmy Nilson zeigt in [Nilson06] anhand ausführlicher Beispiele, wie das funktioniert (und gleichzeitig lernen Sie dabei vieles über *Domain-Driven-Design*, die aus unserer Sicht essentielle Methode des Software-Entwurfs).

Wie kann das funktionieren?

Wir hören immer wieder die Aussage: „Das kann doch unmöglich funktionieren", wenn wir mit unseren Kunden über die Einführung von XP-Praktiken sprechen. In diesem Abschnitt möchten wir einige verbreitete Vorurteile gegen XP ansprechen und Ihnen zeigen, was Sie in Ihren Projekten dagegen unternehmen können.

- **In XP-Projekten entsteht keinerlei Dokumentation.**

An dieser Stelle könnten Sie mit der Erfahrung kontern, dass dies für einen Großteil aller Softwareprojekte gilt – entweder es wird zuviel oder zuwenig dokumentiert. Wir sind der Meinung, dass Sie notwendige oder angemessene Dokumentation in XP-Projekten zum integralen Bestandteil der Iterationsplanung machen sollten. Wenn Ihr Team für eine Iteration eine bestimmte Komponente entwickeln und testen soll, so gehört für uns deren Dokumentation selbstverständlich mit dazu. Teilweise formulieren die Kunden die Abnahmetests für die

Ergebnisse einer Iteration. Lassen Sie hinsichtlich der Dokumentation ebenfalls Abnahmekriterien aufstellen – dann können Sie die Praktiken von XP gleichermaßen auf Quellcode wie auf Dokumentation anwenden.

- **Programmieren-in-Paaren (Pair-Programming) ist Zeitverschwendung.**

Nein, ist es zumindest in vielen Fällen sicherlich nicht. Die sinkende Fehlerrate des Programmcodes und die effektive und effiziente Verbreitung von Wissen im Team sprechen eindeutig für Pair-Programming. Hüten Sie sich jedoch vor zuviel Euphorie: Es gibt beliebig viele zwischenmenschliche Faktoren, die Pair-Programming erschweren können.

Falls Ihre Kunden Ihnen trotz gutem Zureden verbieten, das gesamte Entwicklungsteam in Paaren programmieren zu lassen, so sollten Sie zumindest kritische Systemteile in Pair-Programming entwickeln lassen. Falls Ihr Projekt schon eine Zeitlang läuft, so überlassen Sie doch eine fehlerträchtige oder besonders komplizierte Systemkomponente einem „Pair“ zum Refactoring. Alternativ nennen Sie das Ihren Kunden gegenüber „Vier-Augen-Prinzip“ – diese Bezeichnung ist manchmal kundentauglicher.

- **Einfaches Design ist kurzsichtig – viel zu schnell landet man dabei in einer Sackgasse.**

Da das Refactoring von Code zur täglichen Routine der Entwickler gehört, hat niemand Angst vor Änderungen. Das Arbeiten in Paaren sorgt dafür, dass das Design flexibel bleibt. Auf der anderen Seite garantiert die Einfachheit, dass Sie nicht überentwerfen, also Ihre Software wesentlich mehr leistet, als sie eigentlich leisten sollte. „Einfaches Design“ ist übrigens etwas völlig anderes als „kein Design“.

Agile Softwareentwicklung in großen Projekten

Von Jutta Eckstein

Es gibt jede Menge Tipps und Tricks, wie agile Methoden in kleinen Projekten funktionieren. Leider finden Sie jedoch nach wie vor wenig darüber, wie agile Methoden auch große Projekte unterstützen können. eXtreme Programming nach [Beck00] ist nur für Teams von weniger als 12 bis 15 Mitarbeiter geeignet. Zu Scrum gibt es hingegen Aussagen von Ken Schwaber, der von Teamgrößen mit bis zu 400 Mitarbeitern spricht. Allerdings ist in diesem Bereich ebenso wie bei eXtreme Programming bisher wenig Konkretes publiziert. Die Crystal-Familie andererseits trägt unterschiedlichen Teamgrößen über die Farbskala Rechnung, gibt aber bisher keine Hinweise zu den dunkleren Farbtönen, d. h. für Teams mit mehr als 40 Mitarbeitern.

Durch meine Erfahrung bei der Betreuung unterschiedlich großer Projekte – von fünf bis über 300 Projektmitarbeitern – haben sich für mich viele Verfahren herauskristallisiert, die das Skalieren von agilen Methoden für große Teams ermöglichen. Diese Verfahren sind ausführlich und mit vielen Projektberichten in [Eckstein03] beschrieben.

Skalieren der agilen Prinzipien

Betrachtet man die agilen Prinzipien, so wird ziemlich schnell klar, dass diese nicht linear skaliert werden können. So funktioniert z. B. das Prinzip der direkten Kommunikation bei Teams mit weniger als zehn Leuten problemlos. Sind die Teams jedoch größer, so kann bereits nicht mehr jedes Thema mit allen Teammitarbeitern besprochen werden. Besteht das Projekt sogar aus hundert Mitarbeitern, dann passen nicht mehr alle in einen üblichen Besprechungsraum und bei über tausend ist es sehr unwahrscheinlich, dass sich alle Mitarbeiter überhaupt persönlich kennen.

Selbst-organisierte Teams

Agile Entwicklung fokussiert darauf, jederzeit den höchstmöglichen Geschäftswert umzusetzen. Die Teamstruktur muss diesem Fokus gerecht werden. Gerade in Großprojekten wird dies oft ignoriert, indem die Teamstruktur an Aktivitäten oder Wissen ausgerichtet wird: Es gibt verschiedene Subteams für Tester, Analytiker, GUI-Spezialisten, Datenbankexperten usw. Wundern Sie sich bei so einer Teamstruktur nicht, wenn dann Schnittstellen nicht passen oder ein Subteam auf ein anderes zeigt, um zu verdeutlichen an wem es liegt, dass eine Funktionalität nicht das leistet, was sie soll.

Strukturieren Sie die Teams entlang der Geschäftsfunktionalitäten, nur so kann jedes Subteam selbst-organisierend und eigenverantwortlich arbeiten. D. h., dass jedes Subteam alle Rollen und das ganze Wissen abdeckt, um Geschäftsfunktionalitäten zu entwickeln. Folglich besteht ein Team sowohl aus Analytikern, als auch aus Testern, GUI-Spezialisten usw., eben all den Mitarbeitern, die zur vollständigen Lieferung der Funktionalität notwendig sind.

Vertrauen in jeden Einzelnen

Der Ruf nach Vertrauen in motivierte Individuen ist bei der Menge von Projektmitarbeitern auch nicht zu unterschätzen. Schaffen Sie Transparenz; das ist die Basis für Vertrauen. Diese Transparenz gilt es gegenüber den Entwicklern, aber auch allen anderen Projektbeteiligten an den Tag zu legen, sei es nun der Qualitätssicherung, dem Controlling, der Revision oder dem Kunden. Ein projekteigenes Wiki-Web [LeuCun01] – eine webbasierte Plattform, die allen erlaubt, auf den Inhalt des Webs sowohl lesend als auch schreibend zuzugreifen – hat sich dafür außerordentlich bewährt. Dadurch dass allen Projektmitarbeitern auch der schreibende Zugriff ermöglicht wird, bringt man ihnen bereits soviel Vertrauen entgegen, dass das in der Regel auch direkt wieder zurückgegeben wird.

Enge Zusammenarbeit zwischen Kunden und Entwickler

Wie erwähnt, hat auch (oder gerade) der Kunde direkten Einblick ins Projektgeschehen. Von agilen Prozessen wird gefordert, dass der Kunde ständig im Projekt anwesend ist. Es ist gerade in großen Projekten nicht einfach, dieser Forderung Folge zu leisten. Hier gibt es nämlich meist entweder eine große anonyme Kundenbasis, z. B. bei der Entwicklung von Standardsoftware, oder eine „Gemeinde" von mehreren Kundengruppen, die jedoch inhomogen und manchmal sogar konkurrierend zueinander sind. Sie brauchen dann in Ihrem Unternehmen einen Repräsentanten (Product Owner), dessen Aufgabe es ist, die Belange der unterschiedlichen Kundengruppen zu konzentrieren und zu priorisieren. D. h. der Product Owner schlägt die Brücke zwischen

Kunden und Entwicklung. In einem Großprojekt reicht ein Product Owner nicht aus. Sie brauchen vielmehr einen (Chief-) Product Owner, der von einem Team unterstützt wird, sodass jedes Subteam von einem eigenen Product Owner betreut werden kann. Weiterhin ist es essenziell, zusätzlich direktes Feedback von den Endbenutzern einzuholen, nur so können Sie eventuelle Missverständnisse aufdecken.

Häufige Auslieferung

Feedback hat nur dann einen hohen Wert, wenn es auf Basis eines lauffähigen Systems entsteht. Folglich muss auch ein großes Team in der Lage sein, häufig ein funktionierendes System auszuliefern. Diese Auslieferungen lassen sich am besten über definierte Entwicklungszyklen steuern. Dabei gilt: Je größer das Team, desto kürzer die Entwicklungszyklen: Bewährt haben sich Iterationen von einer Woche und Releasezyklen von einem Monat. Ein Release wird über mehrere Iterationen erstellt, wobei das Ergebnis eines Release typischerweise an den Kunden geliefert wird. Das Ziel einer Iteration, wie auch eines Release, ist eine in sich abgeschlossene Funktionalität, die aus Benutzersicht sinnvoll ist. D. h., die Planung ist nicht auf technische Komponenten ausgerichtet, dafür aber auf in sich abgeschlossene Funktionalitäten. Der Plan für die gesamt Projektlaufzeit ist dabei sehr grob, wohingegen die Planung für eine Iteration sehr detailliert ist. D. h., ein agiles Projekt erfordert ständige Planung, wobei diese just-in-time, also direkt vor einer Iteration bzw. Release erfolgt.

Geänderte Anforderungen

Diese ständige Planung erlaubt es zu jedem Zeitpunkt, Änderungen zu berücksichtigen. Diese Änderungen können, dürfen und sollen sich auf jedes Teil im System beziehen. Folglich unterliegt auch die Architektur ständigen Änderungen. Kann dies nicht gewährleistet werden, so kann auch kein Fortschritt mehr erfolgen. Das gilt selbst dann, wenn die Architektur die Basis für die Subteams bildet. Häufig wird jedoch bei großen Projekten zuerst eine Architektur fertiggestellt, bevor das Team vergrößert wird. Das bedeutet, dass dann die hinzugekommenen Subteams auf die vorhandene Architektur aufsetzen müssen. Dabei sind es gerade diese Subteams, die den Aufbau der Architektur bestimmen sollten, da diese die Architektur als Dienstleistung in Anspruch nehmen. Deshalb ist strengstens darauf zu achten, dass die Architektur nicht fertig gestellt wird, bevor das Team vergrößert wird. Andernfalls haben diese Subteams keine Chance mehr, ihre Anforderungen gegenüber der Architektur zu formulieren.

Funktionierende Software

Trotz der häufigen Änderungen sollte funktionierende Software das oberste Ziel der Entwicklung sein. Es ist nebenbei bemerkt auch das einzige Maß, das zuverlässig über den Projektstand und -fortschritt Auskunft gibt. Funktionierende und lauffähige Software ist jedoch bei großen Teams gar nicht so einfach umzusetzen. Die größte Herausforderung bildet hier die Integration über alle Subteams. Es gibt dafür grundsätzlich zwei Ansätze:

- **Individuelle Integrationen:** Dabei wird eine Änderung nach der anderen integriert. Diese Art der Integration ist über eXtreme Programming als *kontinuierliche Integration* eingeführt worden.
- **Kollektive Integration:** Hier werden alle Änderungen auf einmal integriert. Dieser Ansatz ist durch Microsoft in Form von *nightly builds* bekannt geworden.

Beide Verfahren sind nicht ganz einfach umzusetzen. Bei der individuellen Integration ist meist die Zeit das K.-o.-Kriterium. Oftmals dauert die Kompilierung des Gesamtsystems, sowie die Verifizierung desselben über die Tests so lange, dass nur wenige individuelle Integrationen an einem Tag stattfinden können. Bei der kollektiven Integration hingegen liegt die Hauptproblematik in der Fehlererkennung. Werden alle Änderungen auf einmal integriert, fällt es sehr schwer herauszufinden, welche Änderung das System „kaputt" gemacht hat. Planen Sie daher für die Integration genügend Ressourcen ein – diese Investition wird sich lohnen. Eine Daumenregel besagt, dass Sie ca. ein Zehntel der Entwickler-Ressourcen für die Integration berechnen sollten. Dieses Integrationsteam ist dafür verantwortlich, die Änderungen zu sammeln, den Fortschritt zu überwachen und vor allem Skripte bereitzustellen, die den Integrationsprozess vereinfachen und beschleunigen. Meist muss man ca. zwei Jahre Entwicklungszeit einrechnen, bevor beispielsweise die kollektive Integration in einem großen Team in Form von nightly builds wirklich rund läuft.

Kontinuierliche Verbesserung

Jedes agile Team reflektiert regelmäßig, wie der eingesetzte Prozess der Entwicklung dient. Dabei wird nach Wegen gesucht, um ständig die Effektivität zu erhöhen. In einem agilen Großprojekt führt jedes einzelne Subteam solch eine Reflektion (Retrospektive) durch, da Probleme in der Effektivität meist nur ein Subteam betreffen und nicht das gesamte Projektteam. Um jedoch auch die Kooperation zwischen den Subteams zu verbessern, werden zum einen die Ergebnisse der verschiedenen Subteam-Retrospektiven ausgetauscht und zum anderen auch von Zeit zu Zeit eine Retrospektive über alle Subteams mittels Repräsentanten durchgeführt.

Zusammenfassung

Jedes Team und jeder Projektmitarbeiter ist anders. Von daher gilt gerade auch in großen Teams, dass die Individuen und ihre Art der Zusammenarbeit weitaus wichtiger sind als jeder Prozess oder jedes Werkzeug. Hüten Sie sich vor der Ansicht, dass bei Großprojekten nur der Formalismus in Form von ausgeprägten Regularien zum Erfolg führen könne. Unserer Erfahrung nach ist genau das Gegenteil der Fall: Übermäßig strikte Regularien stellen für große Teams Hindernisse dar, denn auch hier ist vor allem gesunder Menschenverstand gefragt, um schnell und flexibel auf geänderte Situationen reagieren zu können.

Agilität und Disziplin

Am Höhepunkt der vielen Veröffentlichungen agiler Methoden, die wir in den letzten Kapiteln vorgestellt haben, hat sich Altmeister Barry Boehm zusammen mit Richard Turner aufgerafft und ein bemerkenswert versöhnliches Buch geschrieben, das die Stärken und Schwächen von agilen Methoden und traditionelleren, plan-getriebenen Vorgehensweisen auf den Punkt bringt. Unter dem Titel „Die Balance zwischen Agilität und Disziplin – ein Ratgeber für die Verwirrten" [Boe/Tur04] haben die beiden Autoren aufgezeigt, wann man eher agile Methoden einsetzen kann und sollte und wann man eher auf plangetriebene Vorgehensweisen setzen sollte.

Im Titel haben Boehm und Turner als Gegensatz zu Agilität das Wort „Disziplin" verwendet. Gleich in der Einleitung weisen sie jedoch darauf hin, dass jegliche Systementwicklung diszipliniertes Vorgehen benötigt. Auch kreative Personen wie Künstler, Handwerker und Sportler brauchen viel Disziplin, hartes Training und ständiges Lernen, um erfolgreich zu sein. Genialität und Naturtalent alleine führen nur zu gelegentlichen Erfolgen. Nur eiserne Disziplin ist ein Garant für langfristigen Erfolg.

Der Begriff Disziplin besitzt jedoch unterschiedliche Bedeutungen. Einerseits bedeutet er Befolgung von etablierten Prozessen und Gehorsam, andererseits aber Selbstkontrolle und bewusste Selbstregulierung. Während die Anhänger von Prozessverbesserungsprogrammen wie CMMI oder SPICE eher den ersten Aspekt der Definition in den Mittelpunkt stellen, stützen sich die Anhänger der agilen Methoden auf den zweiten. Trotz des provozierenden Titels des Buches nutzen die Autoren im Hauptteil dann meist das Wort „plangetriebene Methoden", wenn es um die Alternative zu agilen Methoden geht.

Die richtige Fragestellung bei der Methodenwahl sollte also nicht lauten „Disziplin oder keine Disziplin", sondern eher „wie viel Gehorsam und wie viel Selbstkontrolle?"

Wann agil und wann plangetrieben?

Boehm und Turner geben Ihnen als Auswahlhilfe für die geeignete Methode fünf Dimensionen, die Sie für Ihr Projekt diskutieren sollten:

- Die Projektgröße (gemessen in Anzahl an projektbeteiligten Personen)

- Die Kritikalität Ihres Projekts (entsprechend der Skala der Crystal-Methoden, siehe diese)
- Die Dynamik Ihres Projekts (d. h. die prozentuale Anzahl neuer Anforderungen pro Monat)
- Die grundlegende Firmenkultur: Sieht Ihr Unternehmen Erfolg eher als Folge zentral gemanagter Vorgaben und klarer Hierarchien oder unterstützt und fordert das Unternehmen ein großes Maß an Eigeninitiative und minimiert die zentralen Regeln?
- Die Fähigkeiten der Ihnen zur Verfügung stehenden personellen Ressourcen

Für Letzteres verwenden die Autoren Teilaspekte einer Klassifizierung, die Alistair Cockburn vorgeschlagen hat

Fähigkeiten des Entwicklungsteams

Ebene	Charakteristik
3	fähig, eine Methode anzupassen, d. h. auch deren Regeln zu brechen, um mit unvorhergesehenen Situationen fertig zu werden
2	fähig, eine Methode bei vorhersehbaren Situationen anzupassen
1A	nach Ausbildung fähig, größere Entwicklungstätigkeiten richtig abzuwickeln Kann mit viel Erfahrung auf Ebene 2 gelangen
1B	nach Ausbildung in der Lage, kleinere Teilschritte im Entwicklungsprozess korrekt auszuführen Kann mit Erfahrung auf Ebene 1A gelangen
–1	hat vielleicht technische Fähigkeiten, ist aber unfähig oder unwillig, im Team mit gemeinsam vereinbarten Methoden zu arbeiten

Die folgende Abbildung zeigt diese fünf Dimensionen und legt nahe, dass Sie eher agile Methoden einsetzen sollten, wenn Sie näher am Zentrum sind und eher plangetriebene Methoden, wenn Sie an die äußeren Ränder geraten.

Interpretieren Sie die Grafik folgendermaßen:

- Agile Methoden haben ihr Zuhause eher bei Teamgrößen von 3–30 Personen, wohingegen den plangetriebenen Methoden bei 100–300 Personen eher der Vorzug gegeben werden sollte.

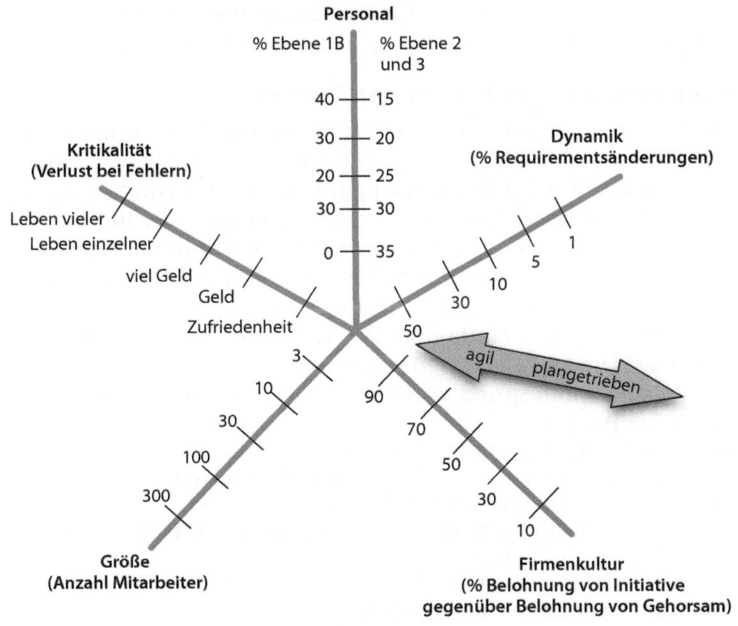

- Wenn es um Leib und Leben oder um die Existenz der Firma geht, dann sind zentrale Steuerung und striktere Vorgaben eher angebracht als bei Projekten, bei denen weniger auf dem Spiel steht.
- Wenn Ihnen nur viele Mitarbeiter der Fähigkeitsebene 1B und wenige der Ebenen 2 und 3 zur Verfügung stehen, sind Sie mit plangetriebenen Methoden besser beraten.
- Wenn sich die Anforderungen an Ihr Projekt oft ändern oder in kurzen Zeitabständen neue Anforderungen hinzukommen, dann sind sie auf agilem Territorium.
- Wenn Ihre Organisation zu Obrigkeitshörigkeit neigt und zu viel Eigeninitiative eher negativ bewertet wird, dann leben Sie in einer eher plangetriebenen Kultur.

Was aber sollten Sie tun, wenn Sie z.B. ein großes Projekt mit entsprechend hoher Kritikalität meisten müssen, aber dafür exzellent ausgebildetes Personal und klare Zielsetzungen haben, und die Organisation Mitdenken nicht nur gerne sieht, sondern sogar fördert und belohnt? Die Antwort darauf heißt – wie im ersten Teil des Buches schon ausführlich erläutert – Risikomanagement: so viel verordnete Disziplin wie nötig, aber so wenig Vorschriften wie möglich.

Die Quintessenz von Boehm und Turner

Große Projekte können nicht mehr auf geringe Änderungsraten hoffen, und exzessive Prozessvorgaben und Produktpläne werden zur teuren Ursache für Nachbesserungen und Verzögerungen. Agile Methoden drängen heute bereits aus dem Bereich kleiner Individualprojekte in den Bereich unternehmensweiter Kernapplikationen vor. Dort warten jedoch die Werwölfe von Fred Brooks [Brooks95] in Form von Komplexität und Konformität, für die es kaum ein „Silver Bullet“ gibt. Deshalb braucht man Methoden, die agile und disziplinierte Ansätze situationsgerecht kombinieren können.

Vor diesem Hintergrund kommen Boehm und Turner zu folgenden sechs Kernaussagen:

- Weder agile noch plangetriebene Methoden sind ein „Silver Bullet“.
- Agile und plangetriebene Methoden haben jeweils Standardterritorien, wo die eine der anderen klar überlegen ist.
- Der Trend geht in Richtung Entwicklungsprojekte, die beides brauchen: Agilität und Disziplin.
- Einige ausbalancierte Methoden sind in den letzten Jahren entstanden (und heute bereits im Einsatz).
- Es ist besser, eine einfache Methoden risikogetrieben zu erweitern, als eine zu umfangreiche Methode durch Tailoring zu verkleinern.
- Methoden sind wichtig, aber „Silver Bullets“ findet man wahrscheinlich eher im Bereich von Mitarbeitern, Grundwerten, Kommunikation und richtigem Erwartungsmanagement.

Es lohnt sich, das ganze Buch zu lesen, denn – wie könnte man es von Barry Boehm anders erwarten – ist es mit detailliertem Zahlenmaterial, aussagekräftigen Statistiken und extensiven Praxisberichten hinterlegt.

Wege in die Agilität

Wie schafft man den Weg in die Agilität? Ist jeder in der Lage, sich und seine Organisation in Richtung der Agilität zu führen? Wir stellen Ihnen in diesem Kapitel ein Modell von Reifegraden vor, das sich auf das Referenzmodell für agile Organisationen bezieht und sowohl für Menschen als auch Organisationen den Reiferad auf dem Weg in die Agilität beschreibt.

Die agilen Reifegrade einer Organisation

Grundidee dieses Verfahrens ist, für jeden Prozess den agilen Reifegrad zu messen. Die folgende Tabelle zeigt die Reifegrade für die Agilität der Prozesse unseres Referenzmodells. Die fünf Reifegrade dienen somit als Maßstab für die Agilität. Die Reifegrade gehen von zufällig, über definiert und damit wiederholbar, wirtschaftlich und schließlich über geplant bis hin zu beherrscht. Je höher die Reifegrade sind, desto näher kommt man dem Gesamtziel der Agilität. Eine Organisation wird nur schwer in der Lage sein, eine Stufe in diesem Reifemodell zu überspringen.

Dies ist eine sehr wichtige Erkenntnis. Man könnte ja glauben, dass geplante Professionalität und Agilität sich widersprechen. In unserem Modell gehen wir davon aus, dass nur derjenige sich auf den Weg in die flexible Welt der Agilität machen kann, der die Regeln des planmäßigen Vorgehens beherrscht und verstanden hat. Vergleichen Sie das mit einem Musiker, der erst dann meisterhaft Jazz improvisieren kann, wenn er vorher gelernt hat, sein Instrument zu beherrschen, und der die Regeln von Takt, Rhythmus und Harmonien verinnerlicht hat.

Reifegrad	Maßstab	Änderungskompetenz
Intutiv, zufällig	Zufällige Beispiele	–
Gesteuert	Wiederholbarkeit, Geschwindigkeit	Änderungsprozesse initialisieren und etablieren
Wirtschaftlich	Kosten- und Nutzenbewertung	Effizienz steigern
Professionell	Regeln existieren	bekannte Änderungsprozesse steuern
Agil	Prinzipien der Selbststeuerung	unvorhersehbare Änderungen beherrschen

Wenn ein Unternehmen durch die so beschriebenen Reifegrade geht, gibt es in jeder Stufe eine besondere Betonung auf ein Merkmal zur Anpassungsfähigkeit an Veränderungen. Merkmale für die Reife sind

- die Geschwindigkeit, in der eine solche Anpassung geschehen kann,
- die Kosten für diese Anpassung,
- die Qualität und damit die Beständigkeit der durchgeführten Anpassung und schließlich
- der Umfang der Anpassungsfähigkeit.

Diese Merkmale hängen zusammen und sind alle wichtig. Trotzdem trennen wir sie voneinander, um Ihnen jeweils bewusst zu machen, auf welches Merkmal Sie sich in einer bestimmten Situation konzentrieren sollten, um den nächsten Schritt schaffen zu können.

Grundvoraussetzung für jede Anpassungsfähigkeit ist die Fähigkeit, eine Möglichkeit zur Weiterentwicklung zu erkennen und zu ergreifen. Treffen Sie auf eine solche Veränderung, sind aber nicht darauf vorbereitet, entstehen in der Regel außergewöhnliche Kosten, vor allem, wenn Sie diese Veränderung möglichst zeitnah schaffen wollen. Haben Sie schnelle Reaktionsfähigkeit erreicht, können Sie die Kosten für die Änderungen in den Fokus nehmen. Haben Sie sowohl Zeit als auch Kosten für eine Veränderung im Griff, konzentrieren Sie sich auf die Gesetzmäßigkeiten hinter einem Veränderungsprozess, um dadurch Änderungen vorhersehbar und schließlich beständig zu machen. Im höchsten Reifegrad schließlich hat sich die Organisation die Gesetzmäßigkeiten der Veränderung zu ihren eigenen Organisationsprinzipien gemacht. Es sind marktorientierte Mechanismen implementiert worden, die sich selbst steuern können. Dadurch versetzt sich die Organisation in die Lage, viele Veränderungen gleichzeitig zu verkraften.

Wir wollen Ihnen anhand von Beispielen von Prozessen ein Gefühl dafür geben, wie sich eine Organisation von einem Reifegrad zum nächsten entwickeln kann.

Reifegrade des Kundenbeziehungsmanagements

Ziel des Kundenbeziehungsmanagements ist es, dauerhafte und vertrauensvolle Kundenbeziehungen aufzubauen, um sich ändernde Bedürfnisse des Kunden möglichst schnell zu erkennen und entsprechende Angebote bereitstellen zu können. Viele Dienstleistungsunternehmen erreichen dieses Ziel eher zufällig.

Die Installation eines Kundenverantwortlichen, der regelmäßig Kontakt mit seinen Ansprechpartnern bei den Kunden hält und auf diese Weise neue Entwicklungen und daraus entstehende Bedürfnisse erkennt, systematisiert den Informationsfluss zwischen dem Kunden und dem Unternehmen. Ist der Kundenverantwortliche in der Lage, das Potenzial seiner Kunden zu bewerten, um daraus seine Arbeit zu priorisieren, dann hat er neben der Systematik auch Wirtschaftlichkeit erreicht.

Professionell wird das Kundenbeziehungsmanagement, wenn die Pflege der Kundenbeziehungen klaren Regeln folgt. Regeln steuern z.B., dass die Beziehungen zu Kunden mit einem hohen Auftragpotenzial intensiver gepflegt werden als mit Kunden, die nur wenig Umsatz in Aussicht stellen. Andere Regeln betreffen den Umfang der Dokumentation und der Kommunikation der Veränderungen der Bedürfnisse bei Kunden in das eigene Unternehmen hinein.

Agilität erreicht man schließlich, wenn die Kommunikation zwischen dem Kunden und dem Dienstleister regelmäßig in beide Richtungen läuft. Man kann es institutionalisieren, dass die Kunden ihre Anforderungen und ihre eigenen Veränderungen kommunizieren, indem man Diskussionsforen installiert und moderiert. Dabei ist es eher themenabhängig, ob diese Foren digital im Internet oder physisch beispielsweise in Form regelmäßiger Kamingespräche stattfinden. In diesem Zustand erreichen Organisationen eine Art der Selbststeuerung. Die Kunden selbst liefern die Informationen, die für die eigenen Veränderungen notwendig sind. Es entsteht weniger Aufwand für die Beschaffung von Kundeninformationen; Sie können mehr Zeit mit den Kunden selbst verbringen, mit dem Resultat größerer Effizienz.

Reifegrade des Wissensmanagements

Ausbildung wird in vielen Unternehmen von zufälligen Ereignissen getrieben. Jemand bekommt einen Prospekt einer Veranstaltung in die Hand, oder es muss noch kurzfristig ein Ausbildungsbudget ausgegeben werden. Das sind typische Auslöser für die Anmeldung zu einer Ausbildungsmaßnahme, wenn sich eine Organisation im intuitiven Agilitätsreifegrad befindet.

Sie erreichen den Reifegrad der Wiederholbarkeit und Wirtschaftlichkeit, wenn gute Erfahrungen mit bestimmten Ausbildungsmaßnahmen bei der Buchung neuer Maßnahmen berücksichtigt werden (und wenn dabei mit den Anbietern beispielsweise Rabatte verhandelt werden). Ein Kennzeichen dieser Stufe ist auch, dass Lerninhalte in Form von eLearning-Maßnahmen für eine breite Zahl von Anwendern im Intranet zur Verfügung stehen. Professionalität erreichen Sie mit einem klar definierten Regelkreislauf von der Erhebung der Ist-Profile der Mitarbeiter bis hin zu neu erreichten Wissensprofilen nach Durchführung der Maßnahmen.

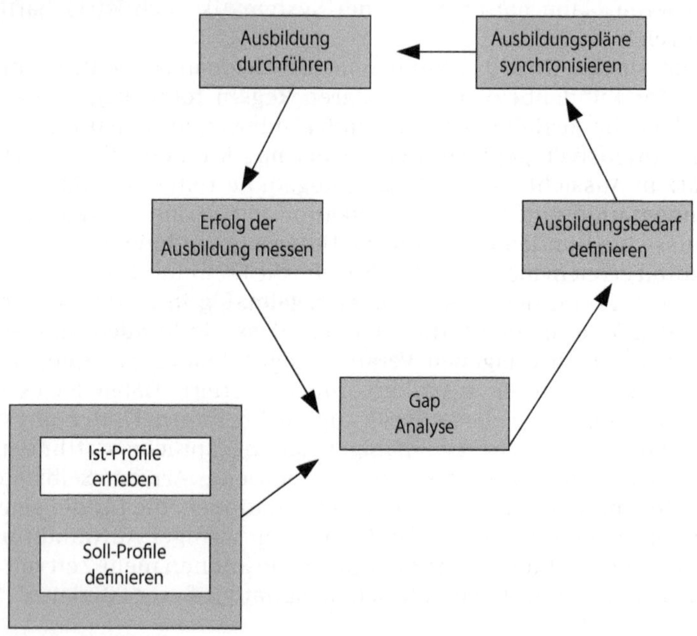

Agil wird das Wissensmanagement, wenn dieser Regelkreislauf durch Marktmechanismen und den daraus resultierenden Motivationen der beteiligten Mitarbeiter in Gang bleibt. Eine mögliche Variante ist es, den Betrieb des Skillmanagementzyklus als eigenes Unternehmen im Unternehmen zu betreiben. Jeder Unternehmer im Netzwerk ermittelt laufend seinen Skill-Gap und meldet diesen Ausbildungsbedarf an den Ausbildungsdienstleister. Der wiederum kann kostengünstige Standardangebote und teurere individuelle Maßnahmen anbieten und finanziert sich über die Rabatte, die er durch das Volumen für das ganze Netzwerk agiler Unternehmer beauftragen kann. Die Auszubildenden bekommen auf diese Weise bessere Ausbildungsqualität zu niedrigeren Preisen.

Reifegrade des Partnerbeziehungsmanagements

Die Entwicklung eines Partnerbeziehungsmanagements durch die verschiedenen Reifegrade ist im Wesentlichen durch immer intensivere Zusammenarbeit und steigendes Vertrauen im Laufe der Reifung geprägt. Auf den Stufen zur Agilität werden gemeinsame Werte erkannt und/oder aufgebaut und gemeinsame Ziele erkannt und verfolgt. In jedem Reifegrad muss eine Partnerschaft auf den Prüfstand, ob der Nutzen aus der Gemeinsamkeit für alle Beteiligten höher ist als ohne Partner.

Lassen Sie uns wieder schrittweise durch die Reifegrade gehen. Im zufälligen oder intuitiven Grad befinden Sie sich, wenn Sie projektweise immer wieder mit Partnerunternehmen zusammenarbeiten. In einen wiederholbaren Status kommt die Zusammenarbeit, wenn die Kooperationspartner gemeinsame Architekturvorstellungen und Vorgehensmodelle erkennen oder erarbeiten und daher mit sehr geringen Reibungsverlusten arbeiten. Dabei entsteht meistens schon automatisch wirtschaftlicher Nutzen, denn weniger Reibungsverluste bedeuten auch schnellere und bessere Ergebnisse.

Professionell wird eine Partnerschaft, wenn Sie Regeln der Zusammenarbeit definieren, wenn Produktentwicklungen synchronisiert stattfinden, die Partner gemeinsam im Markt auftreten oder auch weitere gemeinsame Partnerschaften aufbauen, um so ein gesamtes Netzwerk zu implementieren.

Gegenüber dem professionellen Status zeichnen sich agile Netzwerke durch erhöhte Transparenz zwischen den beteiligten Unternehmen aus. Transparenz bezieht sich dabei z.B. auf Kompetenzen und Produkte, auf Auslastungen und freie Kapazitäten, aber auch auf Kundenkontakte. All diese Dinge im Netzwerk transparent zu machen, setzt hohes Vertrauen in den Partner voraus, die auf dem Weg in die agile Partnerschaft schrittweise entstanden ist.

Der persönliche Weg in die Agilität

Die Einführung agiler Verfahren im Projekt oder in der Organisation besitzt heftige Auswirklungen auf das Anforderungsprofil nahezu aller Projektbeteiligten. Sich auf die Agilität persönlich einzulassen bedeutet für jeden, sich ständig mit Veränderungen auseinanderzusetzen, direkte Kommunikation zu pflegen und trotzdem das eigentliche Projektziel im Auge zu behalten. Es versteht sich fast von selbst, dass man als *Agilist* Veränderungen als Chance und nicht als Belastung verstehen muss, um sich in seiner Rolle wohl zu fühlen.

Als agiler Entwickler müssen Sie notwendigerweise mehr als nur Ihre Entwicklungstechnologie verstehen, Sie müssen sich genügend im Fachgebiet Ihrer Kunden auskennen, um kompetenter Gesprächspartner zu sein. Kommunikation wird zum integralen Bestandteil des Entwicklungsprozesses.

Es gibt aber noch andere Arten persönlicher Anforderungen, wenn Ihre Organisation sich agil ausrichtet: Plötzlich weht der Wind des Marktes durch die Räume, und der kann auch rau sein. Wir haben im Abschnitt über die agile Organisation (siehe Seite 44) die Forderung herausgestellt, dass viele Mitarbeiter in der IT zu Unternehmern im Unternehmen werden sollten und sich damit dem internen oder sogar externen Wettbewerb zu stellen.

Man kann den persönlichen agilen Reifegrad aber auch nach denselben Kriterien messen, wie wir oben den Reifegrad von Organisationen gemessen haben.

- Der agile Entwickler im intuitiven Reifegrad ist von Änderungen fasziniert und hat eine mehr oder weniger ausgeprägte Begabung, sich in einem verändernden Umfeld nicht verunsichern zu lassen. Ein begabter Berufsanfänger passt typischerweise in diesen Reifegrad.
- Der nächste Reifegrad ist davon geprägt, dass erfolgreiche Muster zur Beherrschung von sich ändernden Anforderungen bewusst wiederholt werden. In diese Kategorie ordnen wir Personen, die sich mit den Zielen der Agilität identifizieren können und schon Projekterfahrungen damit gesammelt haben.
- In der persönlichen Reifung stellt die Auseinandersetzung mit Kosten meist einen wesentlichen Schritt in Richtung Führungsverantwortung dar. Eine Kostenbetrachtung in seine Aktivitäten einzubeziehen, definiert den nächsten Reifegrad und zeichnet in der Regel diejenigen Personen aus, die als Projektleiter und auch Abteilungsleiter Budgetverantwortung bekommen haben.
- Hat eine solche Führungskraft in einem agilen Projekt erfahren, dass es einen Koffer voller Regeln und Heuristiken gibt, nach denen man agile Projekte oder Organisationseinheiten steuern kann, dann hat er den Reifegrad der Professionalität erreicht.
- Einen echten Agilisten erkennen Sie daran, dass er mit dem agilen Regelwerk umgehen kann und sich den Regeln eines Marktes aussetzt. Agilisten bilden häufig Netzwerke spezialisierter Dienstleister um sich herum. Dazu müssen Sie bereit sein, sich auf Ihre Kernkompetenzen zu konzentrieren und Vertrauen in die Kompetenzen der Netzwerk-Partner zu haben.

Chancen und Risiken der Agilität

Die Chancen der Agilität für die Softwareentwicklung haben wir wegen ihrer Ausrichtung auf Flexibilität kennengelernt. Das wesentliche Risiko der agilen Verfahren ist aber ebenso deutlich. Wenn man sich der Agilität zu unbedarft nähert und Flexibilität mit Planlosigkeit verwechselt, droht eine Unordnung, wenn nicht sogar gefährliches Chaos. Wir hoffen, dass Sie (und andere Agilisten) agile Methoden und Praktiken angemessen und wohldosiert einsetzen. Hüten Sie sich vor hektischen Aktivismus – es wäre schade, wenn Agilität an unüberlegtem Einsatz scheitern würde.

Betrachtet man über die Softwareentwicklung hinaus die gesamte IT-Dienstleistung und damit auch das organisatorische Umfeld der Softwareentwicklung, so wird die Veränderung im Markt noch deutlicher. Den großen IT-Dienstleistern im Markt stehen heute eine Menge sehr selbstbewusster kleiner und mittelgroßer Dienstleister gegenüber, die sich in Netzwerken zusammenschließen, um immer größer werdende Nischen im Markt zu besetzen. Das Szenario erinnert an die Situation in der Erdgeschichte, als die Dinosaurier noch das Leben auf der Erde beherrschten, die kleinen, flexiblen Säugetiere aber eine Nische nach der anderen in der sich plötzlich verändernden Welt besetzten.

Die Änderungen in der IT-Welt, die die heutigen IT-Dinos ins Wanken bringen, sind allzu deutlich. Große Organisationen sind mit ihrem Wasserkopf oft nicht in der Lage, schnell auf den sich neu orientierenden Markt zu reagieren. Agile Netzwerke interner und externer Dienstleistern bilden eine effektive, kostengünstige und qualitativ bessere Alternative, die den Weg aus der derzeitigen Krise aufzeigen kann.

Die Autoren

Dieses Buch stammt aus der Feder eines agilen Teams, bei dem wir uns an dieser Stelle ganz herzlich bedanken.

Peter Hruschka Chris Rupp Gernot Starke

Jutta Eckstein ist seit über zehn Jahren Beraterin und Trainerin im In- und Ausland. Weltweit verfügt sie über eine einzigartige Erfahrung bei der erfolgreichen Umsetzung agiler Prozesse in mittleren bis großen unternehmenskritischen Projekten, wovon auch ihr neues Buch [Eckstein03] handelt. Sie ist Mitglied der AgileAlliance und der Programmkomitees internationaler Konferenzen zu den Themen agiles Vorgehen, OO und Patterns.
E-Mail: jutta@jeckstein.com, www.jeckstein.de

Christiane Gernert hat als freiberufliche Beraterin mit langjähriger Management- und Methodenpraxis und klarem Pragmatismus schon eine Vielzahl großer und kleiner Projekte zum Erfolg geführt. Wenn sie nicht in einem ihrer vielen Projekte unterwegs ist, radelt sie mit Begeisterung durchs Ländle.
E-Mail: christiane.gernert@t-online.de, www.gernert-partner.de

Peter Hruschka arbeitet als Trainer, Berater und Autor seit mehr als 25 Jahren daran, Methoden und Verfahren in die industrielle Praxis zu überführen. Er ist Mitgründer der b-agile-Initiative und Principal der Atlantic Systems Guild, einem internationalen Think Tank von Methodengurus. In seiner Freizeit verursachen kleine weiße Bälle auf großen, grünen Bahnen den Stress.
E-Mail: hruschka@b-agile.de, www.systemsguild.com, www.b-agile.de

Thorsten Janning beweist als Gründer und Gesellschafter der KEGON AG, dass agile und netzwerkartige Dienstleistungsstrukturen effizienter arbeiten als traditionelle hierarchische Strukturen. Er ist Mitglied der b-agile-Initiative. Als erfahrener Projektleiter und IT-Manager arbeitet er als Trainer und Coach für IT-Manager. Sein wichtigstes Projekt sind allerdings seine Kinder.
E-Mail: Thorsten.Janning@kegon.de, www.kegon.de

Markus Reinhold unterstützt Unternehmen als freier Trainer und Berater in den Bereichen Methoden (OO-UML, ERM, etc.), Verfahren (Software-/System-Entwicklungsprozesse wie z. B. XP, RUP und V-Modell) und Tools im gesamten Projekt-Lifecycle. Er unterstützt seine Kunden bei der Einführung agiler Konzepte und ist Mitglied der b-agile-Initiative. Wenn seine Zeit es erlaubt, sucht er in verschiedenen Weltmeeren Entspannung beim Tauchen.
E-Mail: reinhold@cocoo.de, www.cocoo.de

Chris Rupp liefert durch ihre Publikationen und Vorträge immer wieder wichtige Impulse für die Bereiche Requirements Engineering und Objektorientierung. Arbeiten von ihr und den SOPHISTen legten die Basis des modernen Requirements Engineering. Chris philosophiert bei einem guten Glas Rotwein gern auch über andere Themen.
E-Mail: Chris.Rupp@sophist.de, www.sophist.de, www.sophistgroup.com

Beatrice Sablov erblickte 1978 in Transsilvanien das Licht der Welt und studierte an der BA Ravensburg Wirtschaftsinformatik. Während einer Studienarbeit entdeckte Sie Ihr Faible für agile Methoden. Sie konzipiert und entwickelt Software für Industrieunternehmen, daneben spielt sie Snooker und Pool.
E-Mail: Beatrice.Sablov@gmx.de

Gernot Starke betreut Unternehmen als Mentor, Coach und Qualitätssicherer für Software-Architektur, Projekt- und Prozessorganisation. Er unterstützt seine Kunden bei der Einführung agiler Softwareentwicklung, dem Aufbau effektiver Projektorganisationen sowie flexibler Software-Architekturen.
E-Mail: gs@gernotstarke.de, www.gernotstarke.de

Literatur

[arc42] arc42 – Das freie Portal für Software-Architekten.
Online: www.arc42.de

[Beck00] Kent Beck
Extreme Programming – Das Manifest.
Addison-Wesley, 2000.
Das englische Original erschien 1999

[Beck03] Kent Beck
Test-Driven Development By Example.
Addison-Wesley, 2003

[Boe/Tur04] Barry Boehm, Richard Turner
Balancing Agility and Discipline – A Guide for the Perplexed.
Addison-Wesley, 2004

[Brooks95] Frederick P. Brooks
The Mythical Man Month.
(Anniversary Edition), Chap. 16: No Silver Bullet
Addison-Wesley, 1995

[BeckFow01] Kent Beck, Martin Fowler
Extreme Programming planen.
Addison-Wesley, 2001

[Cockburn02] Alistair Cockburn
Agile Software Development.
Addison-Wesley, 2002

[CopHar04] James Coplien, Neil Harrison
Organizational Patterns of Agile Software Development.
Prentice Hall, 2004

[DeMarco+08] Tom DeMarco, Peter Hruschka, Tim Lister et al.
Adrenalin-Junkies und Formular-Zombies – Typisches Verhalten in Projekten.
Carl Hanser Verlag, 2008

[Derby/Larsen06] Esther Derby, Diane Larsen
Agile Retrospectives – Making Good Teams Great.
Pragmatic Programmers, 2006

[Eckstein03] Jutta Eckstein
Agile Software Entwicklung im Großen.
dpunkt, 2003

[EilSta06] Karl Eilebrecht, Gernot Starke
Patterns-kompakt.
2. Aufl. Spektrum Akademischer Verlag, 2006

[EssigMey03] Andreas Essigkrug, Thomas Mey
Rational Unified Process kompakt.
Spektrum Akademischer Verlag, 2003

[Ger03] Christiane Gernert
Agiles Projektmanagement.
Carl Hanser Verlag, 2003

[Highsmith00] Jim Highsmith
Adaptive Software Development.
Dorset House, 2000

[Highsmith02] Jim Highsmith
Agile Software Development Ecosystems.
Addison-Wesley, 2002

[HR/RU02] Peter Hruschka, Chris Rupp
Agile Software-Entwicklung für Embedded Real-Time Systems mit der UML.
Kostenlos downloadbar auf www.b-agile.de und www.sophist.de

[HuntThomas03] Andrew Hunt, Dave Thomas
Der pragmatische Programmierer.
Carl Hanser Verlag, 2003

[IBM Rational Software]
http://www.ibm.com/software/de/rational

[Kerth01] Norman Kerth
Project Retrospectives: A Handbook for Team Reviews.
Dorset House, 2001

[Kruchten03] Philippe Kruchten, Per Kroll
The Rational Unified Process Made Easy: A Practioner's Guide to the RUP.
Addison-Wesley, 2003

[Larman] Craig Larman
Applying UML and Patterns.
2nd edn. Prentice Hall, 2002

[LeuCun01] Bo Leuf, Ward Cunningham
The Wiki Way.
Addison-Wesley, 2001

[Martin] Robert Martin
Agile Software Development: Principles, Patterns and Practices.
Addison-Wesley, 2002

[Meszaros07] Gerard Meszaros
xUnit Test Patterns – Refactoring Test Code.
Addison-Wesley, 2007

[Nilson06] Jimmy Nilson
Applying Domain Driven Design and Patterns.
Addison-Wesley, 2006

[Poppendieck03] Mary & Tom Poppendieck
Lean Software Development. An Agile Toolkit for Software Development Managers.
Addision-Wesley, 2003

[REM06] Chris Rupp, SOPHIST GROUP
Requirements Engineering und Management – Professionelle, iterative Anforderungsanalyse für die Praxis.
4., erw. Aufl. Carl Hanser Verlag, 2006

[Pichler07] Roman Pichler
SCRUM – Agiles Projektmanagement erfolgreich einsetzen.
dpunkt Verlag, 2007

[Richter03] Stefan Richter
Feature-based Programming.
Addison-Wesley, 2003

[Sch/Bee02] Ken Schwaber, Mike Beedle
Agile Software Development with Scrum.
Prentice Hall, 2002

[Starke08] Gernot Starke
Effektive Software-Architekturen – Ein praktischer Leitfaden.
3., erw. Aufl. Carl Hanser Verlag, 2008

[SYS08]: Chris Rupp, SOPHIST GROUP
Systemanalyse kompakt.
2. Aufl. Springer Verlag Heidelberg, 2008

[UML07]: Chris Rupp, Dr. Stefan Queins, Barbara Zengler
UML2 glasklar – Praxiswissen für die UML-Modellierung.
3. Aufl. Carl Hanser Verlag, 2007

[Westphal06] Frank Westphal
Testgetriebene Entwicklung mit JUnit & FIT.
dpunkt Verlag, 2006

Index